L'enfer

Catherine Derivery

L'enfer

Témoignage

J'ai lu

À ma fille Fanny pour qui j'ai écrit ce livre
et à Abel, sans qui je n'aurais pu l'écrire.

« Car la bête qui te fait pousser ces cris ne laisse aucun passer par sa voie, mais elle l'empêche tant qu'elle le tue ; et sa nature est si méchante et si cruelle qu'elle n'assouvit jamais son avidité insatiable. »

DANTE, *L'Enfer*
Chant premier

1

La baignoire

L'angoisse était toujours aussi insupportable. Malgré ces longs mois de lutte acharnée, ces quantités de médicaments absorbés, ces séjours à l'hôpital, cette dernière cure de somnolence en clinique privée – rien n'y avait fait. Alors, j'ai rempli à ras bord la minuscule baignoire sabot de ma petite salle de bains, j'ai branché le sèche-cheveux à l'aide d'une rallonge, je me suis déshabillée et suis entrée dans l'eau.

Il m'a été très difficile de m'électrocuter; pourtant je n'étais pas une novice. Mais là, je n'avais pas la moindre idée de ce qui allait se passer, alors j'imaginais le pire et cela me terrorisait. Je tremblais comme une feuille. J'ai longtemps hésité avant de laisser tomber l'appareil dans l'eau. Tellement, qu'elle est devenue glacée. C'est ce qui m'a finalement décidée, en priant tout de même pour que ça aille vite.

Mais je n'ai pas été exaucée et j'ai commencé à griller.

Un truc incroyable, indescriptible: je grillais de dedans et ça ne s'arrêtait pas. J'étais entièrement raide, paralysée. La douleur était inimaginable; elle me propulsait lentement hors de l'eau. Je lévitais de douleur.

Je ne sais comment j'ai réussi à me cramponner au fil... et la rallonge s'est détachée. L'électricité n'a même pas sauté. (J'habite dans un très vieil immeuble. À quoi ça tient...)

Je suis retombée dans la baignoire, à moitié assommée. Après avoir repris mes esprits, je me suis séchée et suis allée me coucher. Ce fut mon dernier suicide. C'était il y a huit ans.

Un jour, en fouillant dans les papiers qui encombrent mon bureau à la recherche d'une facture égarée, je suis tombée par hasard sur des photos d'identité datant de cette époque. Elles m'ont comme sauté à la figure. J'avais oublié, complètement oublié, que j'aie pu être cette fille squelettique, hagarde, sans âge, les joues aspirées, le regard effaré et aveugle, tourné vers l'intérieur. Comment, me suis-je demandé, les gens qui me fréquentent aujourd'hui pourraient-ils seulement imaginer que la fille que je suis, souriante, dynamique, toujours de bonne humeur, plutôt boute-en-train, puisse être la même que celle de la photo ? Et moi, je devais être fêlée pour aller me faire tirer le portrait avec une tête pareille.

C'est alors que tout m'est revenu : ce jour-là, précisément, pensant que j'allais un peu mieux et poussée par la nécessité, je m'étais longuement préparée, pomponnée, avais descendu mes cinq étages et parcouru les cinq cents mètres qui me séparaient du Monoprix. Je savais trouver là le Photomaton où je pourrais faire les photos format identité, indispensables à la confection du CV que je comptais envoyer en réponse à une énième offre d'emploi. Ça avait beau être la routine pour moi, c'était chaque fois plus dur. À force d'essuyer des refus, on n'ose plus frapper aux portes. Et puis j'étais déprimée, je n'étais pas folle ; je me rendais bien compte que mon cerveau tournait au ralenti et que si, par extraordinaire, j'arrivais jusqu'à l'entretien d'embauche, il faudrait que mon interlocuteur soit sacrement distrait pour ne pas le remarquer. Déjà, aller faire des photos, pour moi, c'était toute une aventure. La rue, son vacarme et ses voitures, m'effrayait, le regard des gens m'inquiétait (et si quelqu'un me reconnaissait, s'il me parlait ?). J'avais préparé ma monnaie pour n'avoir rien à demander à personne. Tout s'était bien passé. J'avais fourré les photos dans ma poche sans les regarder. Un pressentiment peut-être.

Mais une fois arrivée chez moi, tétanisée par cette

image de moi-même que je n'imaginais pas, j'ai renoncé à mon projet.

C'était juste avant la baignoire.

Et voilà comment la boucle se boucle. La dépression est, par excellence, la maladie de l'exclusion et de l'isolement. Un isolement que l'on génère en partie, sans le vouloir évidemment, la confusion mentale – symptôme de la maladie – nous menant à prendre systématiquement les mauvaises décisions et à nous éloigner de ceux qui ne nous comprennent pas ; comme si nous nous comprenions nous-mêmes…

J'avais déjà fait le vide autour de moi – il n'y avait plus personne depuis longtemps pour me dire quelle tête j'avais : je m'étais grillée auprès de mes différents employeurs, faute de pouvoir expliquer mes retards, mes erreurs, ma maladie en somme ; je n'appelais plus mes amis, j'évitais ma mère, j'avais réussi à chasser mon compagnon. J'étais encore une fois renvoyée au point de départ et savais que personne ne pouvait rien pour moi. J'avais déjà tout essayé, me semblait-il ; toutes les familles d'antidépresseurs, d'anxiolytiques, de neuroleptiques, de somnifères. Ils m'avaient fait dormir, ça oui – j'étais même passablement abrutie –, mais ne m'avaient pas libérée de ces crises d'angoisse qui me coupaient le souffle, me jetaient sur le sol convulsionnée, hurlante et sanglotante, ni de cette tristesse invraisemblable qui peignait le monde en si moche que je n'arrivais plus à le vivre.

Il existe plusieurs sortes de dépression. La mienne était aiguë et suicidaire et a duré deux ans. Elle a disparu brutalement, un beau matin, laissant derrière elle un champ de ruines : cinq tentatives de suicide, la perte de ma fille, de mon compagnon, de mon boulot, de mon sommeil et de ma joie de vivre. J'ai mis deux ans à récupérer ma fille et un autre boulot, sept ans à retrouver un nouvel amour, ma joie de vivre – et mon sommeil.

2

Une enfant terrible

> « *Un enfant malheureux est un enfant terrible.* »
>
> André MAUROIS

Je n'ai pas de souvenirs de ma petite enfance jusqu'à, disons, cinq ou six ans. Je n'ai pas le souvenir d'avoir été heureuse entre six et vingt ans. Le bonheur est venu après, par petits morceaux tout d'abord, que je ne savais pas très bien garder. Le bonheur, pour moi, c'est comme la course de fond : il faut souffrir au début pour atteindre le moment où l'on se sent voler et accepter de souffrir à nouveau après un certain nombre de kilomètres parce qu'on sait qu'on va voler encore.

Entre treize et seize ans, je réunissais tous les symptômes de ce que l'on appelle la dépression de l'enfant : j'avais le sentiment d'être profondément malheureuse et différente, de ne rien valoir ; certains jours je me trouvais si laide que je n'osais sortir dans la rue, je dormais très mal, me réveillant à l'aube sans réussir à me rendormir, après avoir fait des cauchemars – toujours les mêmes ; j'avais un mal fou à me lever, à aller à l'école, à affronter les profs et les élèves. J'étais toujours fatiguée, ce qui contribuait probablement à l'ennui que j'éprouvais en classe la plupart du temps. Pour moi, le sport était une torture. Or, j'en faisais énormément, en compétition même, car mon père nous élevait comme des garçons, ma sœur et moi. À la maison, c'était l'armée, il fallait être au garde-à-vous. J'avais toujours mal quelque part, particulièrement au ventre – aujourd'hui, on dirait que je somatisais –, mais j'avais renoncé à me plaindre : c'était pire, mon père ne supportait pas les « geignardes ». Et, pour compléter le tableau, je faisais ce que ma mère appelait des « crises de nerfs » qui ont fini par devenir quotidiennes, dans la rue, à l'école, à la maison. Je me mettais brusquement à pleurer convulsivement, à trembler de partout, personne ne comprenait pourquoi, on mettait cela sur le compte de la « puberté ». Moi non plus, je ne comprenais pas ce qui m'arrivait. Parfois, sur le chemin de l'école, j'étais obligée de m'asseoir sur le trottoir pour sangloter. C'était comme si l'intérieur de moi débordait, comme un trop-plein de désespoir. J'avais atrocement honte à l'idée que tout le monde pouvait me voir, mais c'était plus fort que moi. Aujourd'hui, je me dis que j'avais bien tort de m'inquiéter puisque personne ne s'est jamais arrêté pour me demander si j'avais besoin d'aide.

En fait, je vivais dans la terreur. Mon père me terrorisait, physiquement et moralement, et ce sentiment envahissait ma vie. Curieusement, je ne m'en rendais pas compte. Ça avait mal commencé dès le début : il était tellement dépité que je sois une fille qu'il n'est pas allé me déclarer à la mairie et a refusé de me choisir un prénom – ma mère a pris le premier qui lui venait à l'esprit. Il a mis du temps à consentir à me regarder et n'a jamais vraiment pardonné à ma mère « de n'être capable de pondre que des pisseuses ». Notre relation avait empiré lentement au fil des années et de l'évolution de l'alcoolisme de mon père, si bien que je m'y étais habituée d'une certaine manière. Je n'avais pas de point de comparaison car nous vivions très repliés sur nous-mêmes. Mes parents ne nous laissaient pas sortir seules, même pour participer aux anniversaires de nos camarades de classe. Mon père était d'une jalousie rare – et pas seulement à l'égard de sa femme. Ma grand-mère habitait au rez-de-chaussée de la maison ; comme elle était malade et s'ennuyait, elle contrôlait le temps que ma sœur et moi mettions pour rentrer de l'école. Ça limitait les incartades.

Je me disais donc que la vie, ce devait être comme ça pour tout le monde – enfin, jusqu'à ce que les choses deviennent insupportables. Évidemment, j'aurais pu me soumettre et, probablement, tout aurait été plus facile – mais je n'y arrivais pas. C'était plus fort que moi, il fallait que je résiste à mon père, que je lui dise ce que je pensais, que je me révolte contre son autoritarisme, contre son injustice, contre son machisme. Sinon, je me serais perdue moi-même. Ma mère et ma sœur avaient beau m'enjoindre de lui répondre ce qu'il voulait entendre (comme elles le faisaient), d'obéir quel que soit l'ordre donné, je n'y arrivais pas. Je supportais déjà sa folie de la discipline : le réveil à six heures les dimanches matin, matelas retourné devant la fenêtre ouverte, pour aller lui chercher des croissants ; l'obligation de toujours finir ce qu'il y a dans l'assiette, le pain également, de se présenter à table toujours impeccable alors qu'il arrivait en pyjama débraillé, se permettant même de roter, voire pire. Mais je n'acceptais pas d'être obligée de lui porter respectueusement ses chaussons quand il rentrait le soir, de lui masser le dos, de lui servir ses whiskies avec le Perrier « à la température de la cave » où se cachaient les araignées noires qui me faisaient si peur (alors que le frigo était à portée de main), de deviner ce que je devais lui apporter quand il claquait des doigts (c'eut été déchoir que de m'adresser la parole) ; de passer des heures plantée à côté de lui dans la cour du pavillon, le dimanche après-midi, pendant qu'il démontait puis remontait (par pur plaisir) le moteur de sa voiture (« Tournevis ! », « Clef à molette ! », « Réveille-toi ! »), avant de devoir laver puis lustrer cette maudite automobile. Surtout, je n'acceptais pas de céder à ses lubies. Comme le jour où ma mère avait servi des haricots verts frais pleins de fils au dîner. Ça me donnait des haut-le-cœur. Il me guettait du coin de l'œil. Pour ne pas faire de vagues, j'avais mangé ma part et, discrètement, avais rangé les fils mâchouillés sur le côté de mon assiette en espérant qu'il m'oublierait. Il m'a laissée finir avant de m'ordonner de manger les fils. Je savais qu'il allait se mettre dans une de ces colères éthyliques dont il avait le secret, que ses yeux déjà clairs deviendraient transparents, que les murs de la maison trembleraient, que je me précipiterais en courant dans l'escalier vers les toilettes du premier étage pour m'y enfermer ; qu'il me rattraperait probablement avant et me cognerait jusqu'à ce que je tombe, et même après. Mais c'était plus fort que moi. Je ne pouvais pas céder.

Je vivais dans cette terreur-là. Dans cette impossibilité-là aussi. Je ne comprenais rien à ce qui m'arrivait. Tout était inéluctable.

Alors, évidemment, plus rien d'autre n'avait d'importance. Personne ne pouvait ni ne voulait m'aider. Je ne supportais plus l'école. Les profs étaient là pour sanctionner – aucun n'a essayé de comprendre ce qui m'arrivait. Ça se voyait pourtant comme le nez au milieu de la figure pourrait-on dire – d'ailleurs je saignais tout le temps du nez. Je portais même des traces de coups parfois.

Comme j'étais toujours parmi les plus grandes de la classe, je m'installais au fond de la salle pour dormir pendant les cours qui ne m'intéressaient pas, mais je séchais dès que j'en avais l'occasion et passais la journée seule et désespérée dans des cafés de banlieue (il y a mieux pour se remonter le moral…) à boire des calva ou des ballons de rouge (c'était moins cher que le Coca). Les religieuses en avaient marre de me coller et si elles me gardaient, c'était parce que ma sœur aînée (d'un an) était bonne élève et peut-être aussi parce que j'avais été une militante catholique assez fanatique quelques années auparavant. À douze ans, j'alphabétisais dans les derniers bidonvilles de la banlieue parisienne et je m'occupais de vieilles personnes indigentes dans le cadre d'un groupe, les Louise de Marillac. Il paraît que les enfants déprimés sont souvent les plus tournés vers les autres, hypersensibles au malheur d'autrui.

J'étais « soignée » par le médecin de famille, qui me faisait des remontrances et me conseillait d'être sage. Pour dormir, il me prescrivait du Valium sans jamais me poser de questions. S'il l'avait fait, j'aurais eu une chance de pouvoir lui expliquer ; mais c'était ma mère qui payait, c'était donc elle qui parlait.

Un jour, elle m'a emmenée chez un psychiatre. C'était la première fois qu'un adulte me posait des questions à moi toute seule. Ma mère avait été priée de rester dans la salle d'attente. Quand la séance a été terminée, il l'a invitée à entrer et lui a suggéré de venir avec mon père à la prochaine séance. C'est la dernière fois que je l'ai vu. Jamais le mot « dépression » n'a été prononcé.

Alors, un vendredi soir – je m'en souviens parce que le lendemain était un samedi et j'avais classe le matin –, après une énième raclée de mon père, pour la première fois de ma vie, j'ai pensé que si j'étais morte je n'aurais plus à supporter tout ça. Je n'en revenais pas de la simplicité de la chose. Comment n'y avais-je pas pensé plus tôt ? J'ai rapidement passé en revue mon entourage avant d'en arriver à la conclusion que personne ne me regretterait : mon père ne me pardonnerait jamais de ne pas être un garçon, ma mère et ma sœur considéraient que si mon père était « comme ça », c'était de ma faute (je n'avais qu'à pas lui « répondre ») et mes grands-parents n'en pouvaient plus de ce boucan, le soir dans l'escalier. Jamais je ne m'étais sentie si seule au monde. J'avais beau avoir quinze ans et mesurer un mètre soixante et onze, j'étais désespérée comme seuls les enfants peuvent l'être. À fond. J'avais quelques boîtes de Valium dans ma table de nuit. J'ai tout avalé goulûment, sans la moindre hésitation ni le moindre regret, avec un sentiment de soulagement total. Dans quelques minutes, ce serait fini.

Ma sœur m'a réveillée le lendemain pour aller à l'école. Elle a eu du mal.

— Je ne peux pas y aller, je suis morte, ai-je fini par articuler, la bouche pâteuse.

Elle a vu les boîtes de médicaments vides, a compris et m'a lancé furieuse :

— Tu es vraiment folle, hein ! tu te rends compte de la peine que tu aurais fait à mes parents ? Allez, debout !

Ça commençait bien. J'ai vraiment regretté de m'être ratée. D'autant qu'elle m'a traînée jusqu'à l'école où j'ai dormi toute la matinée.

Chez moi, personne ne s'est jamais rendu compte de rien.

La dépression est difficile à diagnostiquer chez les enfants car elle se cache souvent derrière d'autres symptômes, comme l'agressivité ou l'inattention.

Pourtant, elle existe même chez les nourrissons, notamment chez vingt pour cent de ceux qui sont durablement séparés de leur mère. Elle se manifeste en deux étapes successives : juste après la séparation, le bébé proteste, il pleure, crie et s'agite ; puis, au bout de quelques jours, on pense qu'il redevient normal, mais on s'aperçoit bientôt qu'il est apathique et indifférent à son entourage, que ses mouvements se ralentissent et que ses expressions sont pauvres, comme celles d'un déprimé. S'il retrouve sa mère, il peut reprendre un comportement normal, mais certains restent indifférents ou hostiles au point que leur développement intellectuel et affectif s'en trouve perturbé. Il est évidemment difficile d'affirmer qu'il s'agit là d'une vraie dépression car on ignore si un nourrisson peut éprouver de la douleur morale, mais la similitude des symptômes est tout de même frappante.

Il n'y a pas de dépression anodine. Pour ce qui me concerne, chacune a changé ma vie d'une manière ou d'une autre. La première s'est terminée par une fugue. Le lendemain de mon suicide raté, il m'a été impossible de rentrer chez moi. J'ai donc passé cinq jours et cinq nuits d'hiver à errer dans les rues, sans argent, le ventre vide, abrutie de Valium, dormant dans le métro ou dans les parcs. Je ne connaissais personne qui aurait pu m'aider. La police m'a finalement retrouvée. Je suis rentrée contrainte et forcée. Mon père sembla très affecté sur le moment : il a pleuré au téléphone quand je l'ai appelé. J'en étais toute retournée (s'il pleure, c'est donc qu'il m'aime). Mais quand nous nous sommes rencontrés quelques instants plus tard, il s'était ressaisi. Pas moi. Il m'a laminée. Du coup, j'ai appris la duplicité. J'ai accepté toutes ses conditions : le retour chez les bonnes sœurs, la confession publique (devant la mère supérieure et le révérend père, qui avait oublié notre ancienne amitié militante), l'engagement écrit de ne plus jamais sécher les cours. J'ai tout signé sans discuter. Il ne m'a plus jamais frappée mais ne m'adressait plus la parole qu'indirectement. Je ne disais rien. Je préparais mon départ, définitif cette fois. Il a eu lieu quelques mois plus tard. Je me suis cachée pendant trois semaines, hébergée par une connaissance dans un garage de Saint-Denis, jusqu'à ce qu'on m'oublie.

C'est ainsi que l'élève – turbulente mais en uniforme – de l'institution Sainte-Geneviève, strictement éduquée, mais bien protégée (de l'extérieur) par ses parents et grands-parents dans un coquet pavillon de banlieue, qui se rendait en famille au club de tennis le week-end, s'est retrouvée à seize ans dans la rue, sans papiers, sans argent, sans aucune expérience et déprimée à mort. C'est le genre d'aventure qui vous change un homme.

J'ai eu de la chance, c'était deux ans après Mai 1968. J'ai ainsi pu transposer ma douleur et ma révolte dans le combat politique. Je suis entrée dans un groupe d'extrême gauche à la discipline encore plus sévère que celle des bonnes sœurs. Je n'étais pas dépaysée. J'avais seulement changé de boutique. J'ai pourtant dû gagner ma vie et le moins qu'on puisse dire est que je ne savais rien faire. J'ai donc ramé comme femme de ménage, vendeuse, concierge, VRP, que sais-je encore ? J'ai même été brièvement ouvrière ; c'était pour me rééduquer parce que, comme on me le disait dans mon groupe, puisque j'avais la chance de ne pas avoir été corrompue par les études, autant en profiter pour extirper définitivement mes tendances petites-bourgeoises. J'étais d'accord ; ce qui ne m'a pas empêchée de passer mon bac en douce. Mes camarades de cellule devaient avoir raison ; j'avais une furieuse tendance petite-bourgeoise à faire des complexes devant eux qui n'avaient pas eu la chance d'échapper aux études.

J'avais beau savoir que le hasard y était pour beaucoup, le fait d'avoir réussi cet examen sans aller au lycée ni même étudier m'avait sacrement remonté le moral. Après m'être entendu rabâcher depuis toujours, à la maison comme à l'école, que je ne ferais jamais rien dans la vie, la chance m'avait souri. Je m'en délectais.

À dix-neuf ans, j'étudiais à la fac de Vincennes, section Théâtre et Cinéma. C'était l'époque bénie où l'on pouvait, prétendument, faire des études tout en travaillant pour gagner sa vie. Au début, j'y ai cru. Chaque soir, après mes huit heures d'un boulot on ne peut plus alimentaire, je traversais Paris en métro. À l'orée du bois de Vincennes, j'attendais sagement au milieu des prostituées qui racolaient (les clients s'excitaient en imaginant que c'étaient peut-être des étudiantes), parfois entre un quart d'heure et vingt minutes, que le bus veuille bien me conduire jusqu'à l'université, où, une fois sur deux, les profs étaient en grève. Ils avaient beau avoir toujours de bonnes raisons, je n'arrivais pas à me réjouir. En fait, j'étais exténuée. Mes rares moments de « repos » se passaient en réunions politiques interminables (c'était la mode à l'époque), interventions sur les marchés le dimanche matin ou à l'entrée des usines (de préférence à cinq heures du matin), rédaction et impression de tracts, lecture des classiques : Marx, Engels, Lénine, Staline, Mao…

J'étais, d'autre part, plutôt mal « maquée » avec un militant du même groupe, fils d'un ami de mon père qui, après m'avoir initiée en douce à la lutte des classes quand nous avions quatorze ans – lui qui habitait face au Champ-de-Mars –, était venu avec moi grossir les maigres rangs de notre groupuscule. Nous partagions un minuscule appartement dans l'est de Paris. Lui, avait la malchance de poursuivre de brillantes études au lycée

Henri-IV, en hypokhâgne, ce qui ne lui laissait pas le temps de travailler en dehors et, comme ses parents venaient de divorcer dans des circonstances sordides, c'était moi qui payais l'essentiel du loyer – et du reste aussi. Sa famille voyait d'un très mauvais œil « qu'il vive à la colle avec cette fugueuse ». Ils me connaissaient pourtant depuis belle lurette mais ils croyaient la version de mes parents. Toujours est-il qu'un beau jour, ils débarquent chez nous et, au travers d'une histoire de frigidaire qu'ils allaient nous donner, j'en viens à comprendre que je vais devoir me marier. Or, bien que le président Mao m'eût convaincue que l'essentiel était de regarder ensemble dans la même direction, je savais bien que je n'aimais pas Antoine. Lui, disait que si je partais, il se tuerait. J'ai toujours eu tendance à croire tout ce qu'on me dit, peut-être parce que je fais tout ce que je dis.

J'ai pris les devants. Le samedi suivant, il me semble (après avoir terminé la relecture de *Madame Bovary*...), j'ai prétexté un malaise pour laisser Antoine assister seul à la réunion de cellule de l'après-midi et j'ai avalé tout le contenu de l'armoire à pharmacie. Il y avait de tout, vraiment de tout. Faut-il croire aux pressentiments ? Ce jour-là, Antoine est rentré plus tôt que prévu. Il m'a trouvée inanimée, a immédiatement téléphoné à l'un de ses amis d'enfance, étudiant en médecine, qui m'a transportée chez lui. J'ai dormi plusieurs jours. Quand je suis rentrée chez moi, il n'était plus question de vivre avec Antoine, mais il n'était toujours pas question de vivre tout court non plus. L'effet du mélange de médicaments divers (laxatifs et diurétiques notamment !) que j'avais ingurgités quelques jours auparavant ne s'était pas encore dissipé ; autant dire qu'au plus profond de moi, c'était la débâcle. Je traînais dans les rues de Paris en cherchant un moyen d'arrêter tout ça.

Je n'ai que de vagues souvenirs de cette période. Ma mémoire a dû souffrir de cette overdose chimique. Je me revois au bord du quai du métro Sentier. Je veux sauter mais je suis morte de peur, alors je me balance au cas où... C'est à ce moment-là qu'un ami descend du wagon à quelques mètres de moi. Il m'empoigne. Je me revois également dans les toilettes de la fac de Vincennes, un bout de miroir cassé à la main, essayant de me couper les veines, sans y parvenir…

Cet épisode était plutôt comme une rechute. Je ne me souviens pas de signes avant-coureurs, c'est après que j'ai eu le plus mal. Les lendemains de suicide, c'est comme les lendemains de fête, on a la gueule de bois.

Et pour la seconde fois, j'ai changé de vie et ça a été mon remède. Provisoirement du moins.

Je ne sais si mon expérience est exceptionnelle, mais je peux affirmer que ces deux suicides ont été pour moi des moments de pur soulagement – je n'ose pas dire plaisir – et que cela était dû en partie au fait que j'étais certaine de ne pas me réveiller. Les moyens employés n'étaient pas traumatisants, cela compte aussi. Les symptômes immédiats d'une overdose de médicaments sont très agréables : on se sent glisser insensiblement vers l'inconscience, comme lors d'une anesthésie à l'hôpital mais plus doucement. On ne souffre plus. Je ne regrettais rien de ce que je laissais derrière, persuadée que personne ne me pleurerait, sauf Antoine. Mais c'était lui ou moi.

J'habite en face de l'école où ma fille, Fanny, a fait ses études jusqu'au lycée ; ce qui présentait de nombreux avantages, dont celui d'avoir toujours à la maison une ribambelle de gamins de son âge. Ce n'est pas une école très cotée – traduisez qu'elle est pleine d'enfants d'immigrés – mais sa fréquentation a permis à Fanny, qui parlait à peine français lorsque nous sommes rentrés d'un séjour de cinq ans en Argentine, de se réadapter en douceur – elle n'était pas la seule à se sentir étrangère. C'est là qu'elle a rencontré Djamila.

Tunisienne d'origine, assez typée comme on dit, un peu boulotte, plus âgée que ses camarades de classe, Djamila a toujours eu du mal à faire coïncider les valeurs de ses parents, qu'elle adore, avec celles de ses copains. Musulmans pratiquants, ils élèvent sans renâcler leurs quatre enfants avec le seul (petit) salaire de la mère, le père étant resté invalide après un accident du travail. Beaucoup d'amour, de couscous, de télé, de moralité, mais peu de confort (six personnes dans deux pièces) – pas de quoi faire ses devoirs. C'est peut-être la raison pour laquelle elle aimait bien « aller chez Fanny », la meilleure élève de la classe, bonne excuse pour les parents qui pouvaient téléphoner afin de vérifier qu'elle était bien là, la maman de Fanny étant toujours à la maison.

Mais plus elle grandissait, plus Djamila avait du mal à accepter que ses copains aient le droit de sortir et pas elle, que toute la classe puisse partir en voyage et pas elle, bref, d'être musulmane et pas eux. Lorsqu'elle a eu quatorze ans, elle a été autorisée, exceptionnellement, à partir à la montagne « avec l'école ». Bien sûr, ce qui devait arriver arriva : deux jours avant la fin du séjour, elle tombe amoureuse d'un garçon d'un lycée de banlieue. Retour à Paris. Impossible de le revoir. Ses parents ne la laissent pas prendre le RER.

Elle était sur mon balcon le samedi après-midi où, par téléphone, le garçon en question lui a annoncé qu'il valait mieux oublier tout ça, que c'était trop compliqué. Je me souviens de son désespoir d'adolescente. Confusément, j'ai senti que quelque chose avait lâché en elle. À partir de ce jour-là, toute son attitude a changé. Fanny rentrait de l'école de plus en plus inquiète, mais toujours un peu sceptique – Djamila en faisait trop : « Elle s'est encore évanouie dans les toilettes », « Elle a encore éclaté en sanglots en plein milieu du cours », « Elle prend des cachets ». Et puis un jour : « Elle a dit que, pour ses quinze ans, elle se tuerait. »

Là, mon sang n'a fait qu'un tour. Je savais trop bien qu'il faut toujours prendre au sérieux les jeunes qui annoncent leur suicide. J'ai immédiatement pris rendez-vous avec la directrice de l'école, je lui ai tout raconté et lui ai demandé de voir les parents, puis j'ai convoqué tous les copains de la classe et les ai mobilisés pour Djamila. Ordre était donné de faire un cordon sanitaire de solidarité autour d'elle, de la prendre au sérieux même dans ses excès, de lui témoigner leur affection. Pour que le jour de son anniversaire, tout le monde vienne fêter ça à la maison. Aujourd'hui elle se souvient: *« J'étais vraiment mal, je me foutais de l'école, je pleurais tout le temps, je me négligeais physiquement, j'arrivais plus à manger, je dormais plus... Je voulais mourir, vraiment. Je pensais qu'en avalant beaucoup de cachets, n'importe lesquels, j'y arriverais sans souffrir. Parce que j'avais peur en même temps, de souffrir, de mourir. C'était un peu pour leur montrer à tous, aux parents, aux profs, à tout le monde..., je ne sais pas quoi au juste, un peu comme une vengeance, ou pour attirer l'attention, je ne sais pas..., leur montrer que je pouvais en mourir. »*

En quelques mois, elle a repris le dessus et le jour de ses quinze ans, tout était oublié. *« C'est grâce à vous tous*, reconnaît-elle simplement, *toute seule j'aurais pas pu. »*

J'ai cherché à m'informer sur ce que l'on sait aujourd'hui de la dépression des jeunes. Les chiffres sont encore plus alarmants que je le redoutais.

Le suicide est la deuxième cause de mortalité chez les adolescents après les accidents de la route; il a augmenté de 300 % entre 1970 et 1980! Il pose d'autant plus de questions qu'il est en hausse dans les sociétés dont le niveau de vie s'accroît. Selon l'Agence nationale d'accréditation et d'évaluation en santé (ANAES), il survient dans 75 % des cas au cours d'un épisode dépressif. Dans environ 20 % des cas, on retrouve des antécédents psychiatriques et alcooliques. Chez les quinze-vingt-quatre ans, les tentatives de suicide (TS) sont difficiles à évaluer car elles ne sont pas toujours suivies d'une hospitalisation; elles seraient soixante fois plus fréquentes que les suicides réussis. Pour un suicide, on enregistre 22 TS chez les garçons et 160 chez les filles. Selon une étude réalisée en 1993 par l'Inserm, sur 12400 adolescents scolarisés, âgés de onze à dix-neuf ans, 806 (soit 6,5 % d'entre eux) avaient déjà fait une TS (dont un quart en avait fait plusieurs), mais seulement 160 (20 % d'entre eux) avaient été hospitalisés. Toujours selon ce rapport, la fréquence des idées suicidaires augmente le risque de passage à l'acte : presque la moitié des garçons et des filles qui pensent souvent au suicide ont déjà fait une tentative, contre 1 % seulement de ceux qui n'ont jamais d'idées suicidaires.

Et une fois qu'on est passé à l'acte, on risque fort de recommencer. Le taux de récidives atteint 40 %. Dans environ 60 % des cas, elles surviennent pendant l'année qui suit la première tentative (d'autant plus fréquemment que le sujet est plus jeune), avec un risque maximal dans les six premiers mois et souvent une escalade quant aux moyens employés. Les conduites dangereuses et autres prises de risque constituent également des comportements suicidaires. Si l'on observe la vie de ces jeunes une dizaine d'années après leur tentative, on remarque que les cas de mort violente sont même plus nombreux que les cas de mort par suicide.

Dans *La Cause des adolescents*, Françoise Dolto écrit :

> « *Le fantasme du suicide est inévitable chez l'adolescent. Il est imaginaire, donc naturel. C'est le désir d'aboutir qui est morbide. [...] Ceux qui ont été jusqu'au bout étaient convaincus qu'ils étaient de trop dans leur famille. Ils se sentent presque coupables d'être nés.* »

Il y a, chez tout adolescent, une propension à l'autodestruction. Le passage à l'acte suicidaire en est une manifestation extrême, mais il représente plus souvent un moyen de fuir une tension insupportable, d'échapper à la dépendance et de reprendre un rôle actif, que l'expression d'un véritable désir de mort.

La prévention est difficile car les signes annonciateurs se caractérisent en général par le retrait et l'isolement, comportements accentués par le fait que beaucoup de jeunes suicidés présentent des signes de dépendance (alcool, drogue, etc.). Dans plus de la moitié des cas, ceux qui s'adonnent à l'alcool ont subi des violences familiales durant leur enfance.

Ce qui caractérise le suicide des jeunes, c'est son caractère impulsif. Dans mon cas, c'était très net: dès que j'y ai pensé, je suis passée à l'acte, d'où l'amateurisme dans le choix des moyens. Si j'avais été un garçon, plus violent, je ne me serais probablement pas ratée. L'adolescent n'a pas la même notion du temps que l'adulte – s'il souffre maintenant, il lui faut une solution immédiatement. Or, l'adolescence est précisément l'âge où l'on a plus tendance à agir, à s'exprimer à travers le corps, qu'à intérioriser ses problèmes.

Un acte suicidaire chez un jeune n'est jamais une conduite anodine, à banaliser et à mettre sur le compte d'une « crise d'adolescence ». Les risques à long terme sont graves puisqu'on observe une mortalité par suicide et par mort violente vingt fois supérieure à la normale et, chez les survivants, une plus grande fréquence de problèmes psychologiques et sociaux persistants (instabilité affective, chômage, exclusion, etc.). Un adolescent qui a fait une tentative de suicide doit donc impérativement être traité. Pourtant, comme l'écrit Virginie Granboulan, du service de pédopsychiatrie de l'hôpital de Créteil:

> « *On chercherait probablement vainement une maladie organique (de cette tranche d'âge) de pronostic équivalent (récidive une fois sur trois, mortalité d'environ 5 %, morbidité notable), qui serait soignée et suivie de cette façon (hospitalisation rare, durée de séjour aléatoire, surveillance inconstamment proposée et très peu réalisée).* »

Les campagnes de prévention à travers le monde ont fait la preuve de leur efficacité. En France, la Journée nationale pour la prévention du suicide n'existe que depuis trois ans, mais de nombreuses associations [1] font un travail inestimable. Pourtant, rien ne vaut l'écoute et

1. Les coordonnées des associations et organismes cités dans le texte se trouvent au chapitre « Conseils ».

l'attention individuelle. Car, contrairement à l'adulte qui veut mettre fin à ses jours, l'adolescent se suicide ou tente de le faire, le plus souvent, parce qu'il souhaite une autre vie. Il suffit parfois de peu de chose pour le faire changer d'avis, comme le montre la très banale histoire de Djamila.

3

L'engrenage

On peut se remettre d'une dépression d'adolescence non traitée, mais elle laisse des traces, une sorte de fragilité, une manière exacerbée de répondre aux stress de la vie.

Les dix-huit années qui ont suivi la mienne se sont déroulées sans véritable rechute, hormis une brève période d'anorexie lors de la mort de mon père, l'année de mes vingt et un ans.

Je rentrais d'un séjour de près de deux ans passés à sillonner les États-Unis pour sensibiliser l'opinion publique américaine contre la guerre du Vietnam, en compagnie de mon premier mari (un ancien coopérant français qui venait de passer deux ans et demi dans les geôles saïgonnaises comme prisonnier politique). C'était le printemps 1975, nous venions de gagner « notre » guerre. C'était une sensation unique, le bonheur ! À Central Park, nous avions assisté à l'immense fête de la victoire. Joan Baez chantait…

De retour à Paris, j'apprends que mon père va se faire opérer d'un cancer du poumon. Il avait caché sa maladie à tout le monde pendant un an, préférant distiller des allusions sibyllines à « quand je serai mort » ou « quand vous serez enfin débarrassés de moi », qui avaient mis les nerfs de ma mère et de ma sœur à rude épreuve. C'était bien lui, cette manière de pourrir la vie des autres tout en torpillant la sienne. Juste après l'opération, les métastases avaient rapidement gagné le cerveau, puis le reste. Ne pouvant plus rien faire pour lui, l'hôpital nous l'avait aimablement « rendu ». Il gisait sur le lit matrimonial, à moitié inconscient, muet, branché de partout. Curieusement, au fur et à mesure qu'il glissait inexorablement vers la mort, son visage rajeunissait. Était-ce la position allongée qui lui lissait les traits, ou les kilos en moins ? Il maigrissait et rajeunissait. Je le regardais, fascinée, incapable de manger. Nous maigrissions de concert. Nous nous étions toujours beaucoup ressemblés – soudain, nous devenions jumeaux. Mon ressentiment à son égard se mêlait à présent de pitié devant son corps torturé et d'une insupportable attente : je m'étais mis dans la tête qu'il allait me dire qu'il m'aimait avant de mourir. Son attitude envers moi s'était beaucoup radoucie depuis qu'il se savait malade. Il m'avait même écrit, pour la première fois de sa vie, aux États-Unis, malgré l'affront qu'avait représenté pour son autorité le mariage au Mexique de sa fille mineure « avec un bagnard communiste » plus âgé qu'elle, et sans son consentement, évidemment. J'étais donc partagée entre la crainte de le voir mourir avant qu'il ait pu me parler ou me faire un signe et le désir de le voir échapper à des souffrances que la morphine ne parvenait plus à atténuer.

Il est mort sans rien me dire. Il avait quarante-sept ans.

Peu après son enterrement, mon mari et moi sommes partis nous installer à Hanoï, pour travailler à la reconstruction du Vietnam. Mon anorexie n'a pas résisté longtemps à cette nouvelle réalité – le pays était en ruines et ses habitants aussi. En moins d'un an, l'obsession des Vietnamiens pour la nourriture (propre à ceux qui ont faim) m'avait contaminée. Je rêvais de camembert, de chocolat et d'escargots de Bourgogne ! Si je ne mangeais pas toujours à ma faim, ce n'était plus qu'à cause de la pénurie.

La confrontation avec une situation pire que la sienne et la nécessité de lutter pour la survie du groupe laissent peu de place à la dépression. C'est probablement la raison pour laquelle, en période de guerre, les gens ne se suicident pas. J'ai d'ailleurs très bien résisté au manque d'eau, d'électricité, de nourriture, de médicaments, de confort, de liberté, de distractions, aux rats, aux cafards et aux moustiques. J'ai même assez bien supporté la séparation d'avec mon mari, au bout d'un an. Pourtant, je redoutais la solitude dans ce ghetto pour « experts étrangers » communistes où nous résidions, dans les faubourgs de Hanoï, et où j'étais alors la seule Française.

J'aurais eu cependant des raisons de déprimer : je quittais, pour des raisons politiques, un mari que j'avais adoré et admiré (il refusait de voir que la réalité locale était bien éloignée de nos rêves) et, par là même, je perdais mes illusions, mon idéal de vie, et la plupart des amis qui m'avaient tenu lieu de famille. Je me retrouvais seule, « renégate » (on ne quitte pas un cadre communiste, héros national qui plus est), sans le sou, dans un pays devenu hostile et sans possibilités matérielles de me réinstaller chez moi. Je ne savais d'ailleurs plus très bien où était « chez moi ».

Cependant, je n'ai pas déprimé, ni à ce moment-là, ni quelques années plus tard, quand la Chine a déclaré la guerre au Vietnam et que le nord du pays a été bombardé. Même si je me suis sentie très seule quand la plupart des étrangers sont partis et que j'ai dû, comme tout le monde, creuser des tranchées et apprendre à manier le kalachnikov pour défendre mon bureau et mon université contre des Chinois que j'avais idolâtrés pendant si longtemps. Je trouvais la situation ironique autant que tragique : j'allais peut-être mourir pour une cause à laquelle je ne croyais plus et personne ne le saurait puisque je n'étais pas inscrite à l'ambassade de France. Je n'existais pas. Je me sentais insignifiante.

Je n'ai pas déprimé non plus lorsque, enceinte de sept mois et demi, je suis rentrée en France et que mon deuxième mari, rencontré au Vietnam, m'a plantée là malgré ses promesses, un mois avant un accouchement qui s'annonçait difficile, parce que sa carrière de journaliste l'attendait en Iran, où la guerre avec l'Irak venait d'éclater. Ni pendant les huit années d'efforts pour tenter de sauver ce mariage qui prenait l'eau de partout.

Comment expliquer alors que quelques dettes aient pu avoir raison de moi ? Je me le demande encore.

J'ai creusé moi-même le lit de ma dernière dépression. Je me le suis d'ailleurs souvent reproché quand j'étais au fond du trou ; ce qui ne sert qu'à se faire du mal, car ce qui est fait est fait. Je ne serai jamais cette personne raisonnable dont ma mère a rêvé, qui réfléchit, prévoit, évalue les risques et agit en connaissance de cause. J'ai toujours été impulsive et extrémiste. Ma dépression aussi.

Mon retour en France, fin 1989, après cinq ans passés en Argentine comme correspondante d'un grand quotidien du soir, avait été l'une des périodes les plus heureuses de ma vie. Je me sentais bénie des dieux. À l'issue de toutes ces années de disputes conjugales incessantes, je venais de réussir à me séparer dignement – me semblait-il – de mon deuxième mari après avoir rencontré, à trente-cinq ans, alors que je n'y croyais plus, le (troisième) grand amour de ma vie, Eduardo. Bien sûr, ce n'était pas simple, il était Argentin, haut fonctionnaire à Buenos Aires, marié et père de deux enfants. Moi, j'étais journaliste donc, mariée à un autre journaliste chef de bureau d'une agence de presse, et nous avions une petite fille de huit ans. Les choses s'étaient compliquées quand mon mari, dont le contrat venait à expiration, avait décidé de rentrer en France avec notre fille. J'avais beau être « correspondante permanente », comme j'avais été recrutée sur place, je n'étais que pigiste ; ce qui signifie que si je quittais mon poste, je perdais mon boulot – et Eduardo par la même occasion. Mais je ne pouvais décemment pas lui demander de quitter ses enfants et son emploi pour s'installer dans un pays où il ne serait qu'un immigré de plus. Et pour moi, l'idée de vivre à dix mille kilomètres de ma fille n'était pas envisageable.

Cela m'avait torturée pendant plusieurs mois, ce qui s'était traduit, comme toujours, par un abus d'alcool et d'anxiolytiques, et puis soudain, comme par miracle, tout s'était arrangé. Les élections présidentielles approchaient et il était convenu avec mon journal que je devrais les couvrir avant de partir. Je n'imaginais pas qu'elles allaient changer mon destin.

Contre toute attente, c'est le candidat péroniste Menem qui les a gagnées. Il a immédiatement placé ses gens aux postes importants. Du jour au lendemain, Eduardo a été remercié. C'est ce qui l'a décidé à me suivre à Paris.

La joie m'étouffait et troublait mon jugement : j'allais me retrouver en France sans travail, avec un homme de plus de quarante ans, étranger parlant à peine français, sans travail lui non plus, et ma fille à mi-temps puisque nous étions convenus avec mon mari de pratiquer la garde alternée une semaine sur deux ; mais je ne voyais pas où était le problème. Quelques années auparavant, j'avais acheté un petit appartement dans le centre de Paris grâce à un héritage et à un prêt bancaire que je continuais de rembourser. Forte d'un optimisme à toute épreuve après cet heureux coup du sort et certaine de retrouver du travail au plus vite, j'ai demandé le divorce sans pension alimentaire ni pour ma fille ni pour moi ; on est féministe ou on ne l'est pas. Lors de la dernière audience, la juge nous a confié qu'elle n'avait jamais rencontré des époux si raisonnables : *« Ah ! si tout le monde était comme vous ! »*

Mon enthousiasme était tel que je n'avais pas vraiment prêté attention aux détails. Notamment au fait que, quelques années auparavant, mon mari avait réalisé une sorte de placement, en achetant un appartement destiné à la location dans une station de ski. Il l'avait mis à mon nom pour que notre fille en hérite (il a deux enfants d'un précédent mariage) et parce que j'avais assuré la – très modeste – mise de fonds initiale. Ce n'était pas son genre, ce type d'opération, mais il s'était laissé convaincre par un Français qui démarchait ses compatriotes installés à Buenos Aires. J'avais signé un tas de papiers sans les lire ; de toute façon je n'y aurais rien compris. Pour moi, cet appartement était virtuel ; on m'avait dit qu'il ne me coûterait rien, je le croyais. Je n'étais pas inquiète.

Mais c'était en réalité une escroquerie tout ce qu'il y a de plus banale dont je ne me suis rendu compte que le jour où ma banque m'a appelée pour me signaler que j'étais à découvert. À y regarder de plus près, j'ai réalisé que le taux d'intérêt du prêt était prohibitif, que le loyer était loin d'en couvrir le remboursement comme on nous l'avait promis et que je ne pouvais pas revendre l'appartement avant neuf ans !

À cette époque, je vivais de piges dans différents journaux. J'étais restée trop longtemps à l'étranger et ignorais les pratiques de la presse parisienne, notamment que les pigistes y sont souvent traités comme des parias, payés en dernier, parfois plusieurs mois après publication, parfois beaucoup moins que le prix convenu. Je l'ai appris à mes dépens.

Le fait est que je n'avais plus assez d'argent pour faire face à mes obligations. Au début, je n'ai pas voulu accepter la situation. Je n'y étais pour rien, ce n'était même pas mon idée, cet appartement. C'est ce qui m'a perdue. Au bout de quelques mois de retard de paiement, la société de crédit s'est faite menaçante. Régulièrement, le matin, j'étais réveillée par un de leurs employés qui me rappelait poliment mais fermement que si je ne payais pas, ils se verraient contraints, pour se rembourser, de vendre aux enchères l'appartement dans lequel je vivais. Ça me rendait folle. Je nous voyais à la rue, Eduardo, ma fille et moi, dépouillés de ce qui constituait notre seule sécurité, pour payer une dette que je n'avais pas contractée. C'est là que je me suis mise à paniquer vraiment et que je suis tombée malade – mais je ne le savais pas encore.

Ce qui est dangereux dans la dépression, c'est qu'on ne la voit pas venir. La plupart des maladies organiques annoncent leur arrivée – fièvre, douleur, malaises divers sont là pour nous signaler que quelque chose ne va pas et que nous devons nous soigner. Pour le néophyte, les premiers symptômes de la dépression pourraient être attribués à n'importe quoi, voire à une grosse fatigue. Certains oublient systématiquement leurs clés, leurs numéros de code ou le nom de leurs relations ; d'autres se réveillent constamment au milieu de la nuit à cause d'un cauchemar et ne parviennent pas à se rendormir – ce qui explique, à leurs yeux, cette fatigue inhabituelle qui ne les lâche pas depuis des mois ; d'autres encore s'énervent pour un rien, ont une drôle de douleur, là, vers le plexus, et éclatent en sanglots à la moindre remarque…

Ensuite ça se corse, évidemment. Mais toutes les dépressions ne sont pas identiques et elles n'ont pas toutes la même intensité. Or, il est essentiel de pouvoir évaluer le stade d'évolution et la forme de chaque dépression car, comme c'est le cas pour la plupart des maladies, plus on s'y prend tôt, plus on a de chances de la guérir vite. Mais, contrairement à la plupart des autres maladies, il n'existe aucun test scientifique (prise de sang, analyse d'urine ou autre) permettant de la diagnostiquer. Il faut donc s'en remettre entièrement à la description que le patient fait de ses symptômes. Et chacun a ses propres références quant à l'évaluation de sa douleur ou de son malheur, et sa manière personnelle de les exprimer, fondées sur son expérience, sur son caractère et même sur son origine culturelle.

Ce qu'un Parisien considérera comme complètement fou sera parfaitement toléré aux Caraïbes, par exemple. Dans de nombreux pays, les hallucinations visuelles ou auditives font partie de la culture : les Indiens d'Amérique entendent parler les morts et environ la moitié des Anglais « voient » les fantômes de leurs chers disparus. En France, on les traiterait avec des neuroleptiques. En Asie ou en Afrique, la dépression s'exprime essentiellement par des douleurs organiques ; pourtant, c'est bien de la dépression. Au Mexique, on chasse les « esprits mauvais » en faisant brûler une herbe particulière autour de la personne « possédée » ; c'est plus écologique que les antidépresseurs.

Après des siècles de confusion durant lesquels toutes les pathologies mentales étaient plus ou moins confondues sous les appellations de « démence précoce » et de « mélancolie », les Occidentaux ont fini par caractériser la dépression à partir des neuf symptômes les plus communément évoqués par les malades et constatés par les médecins. Ils sont regroupés dans un ouvrage : le DSM-IV, *Manuel diagnostique et statistique des troubles mentaux*. Ce sont les Américains qui, en 1952, ont rédigé le premier DSM. Il a été révisé une première fois en 1968 à la lumière de la psychanalyse, puis, de nouveau, en 1980, à partir des conceptions d'Emil Kraepelin, le grand psychiatre allemand du début du siècle, qui classifiait les pathologies à partir de leurs symptômes. La quatrième et dernière version, le DSM-IV, date de 1994. Critiqué par certains en raison de sa conception exclusivement symptomatique de la maladie, le DSM-IV est pourtant devenu la bible des psychiatres. C'est à partir de ses critères qu'ils décident si un patient relève de telle chimiothérapie ou psychothérapie, voire d'une hospitalisation dans les cas de dépression présentant des risques suicidaires.

Selon le DSM-IV, une personne souffre de dépression quand elle présente au moins cinq des symptômes suivants et obligatoirement les deux premiers, presque tous les jours pendant au moins deux semaines :

- humeur déprimée presque toute la journée (chez les enfants et les adolescents, une très grande irritabilité) ;
- absence d'intérêt ou de plaisir pour la quasi-totalité des activités quotidiennes ;
- augmentation ou diminution notable de l'appétit ;
- insomnie ou hypersomnie ;
- agitation ou lenteur des mouvements ;
- fatigue ou perte d'énergie ;
- sentiments d'inutilité ou de culpabilité excessifs ;
- indécision ou difficulté à penser ou à se concentrer ;
- idées récurrentes de suicide ou pensées morbides.

Certains de ces symptômes affectant notre capacité de penser et de prendre des décisions, on a largement le temps de foutre sa vie en l'air avant de réaliser qu'on est malade. C'est ainsi que j'ai, pour ma part, attendu d'avoir chassé l'homme que j'aimais, torpillé ma vie professionnelle et tenté une première fois de me suicider pour réaliser que j'avais besoin d'une aide médicale.

Ma dépression a donc commencé par des troubles du sommeil. Ça a toujours été mon point faible: les soucis m'empêchent de dormir. Là, j'avais mon compte: harcelée par l'organisme de crédit et par ma banque, je m'escrimais à me faire payer mes piges en temps et en heure sans jamais y parvenir; je ne trouvais pas d'emploi fixe et, surtout, je n'étais vraiment pas douée pour ce genre d'exercice. C'était la première fois de ma vie que j'avais des dettes. La pénurie ne me fait pas peur; depuis l'âge de seize ans je m'entretiens toute seule, j'ai même réussi à vivre cinq ans au Nord-Vietnam, juste après la guerre américaine, avec un salaire vietnamien – autant dire que je peux me passer de luxe. Mais l'essentiel de ma vie d'adulte s'était déroulée à l'étranger ou en marge de la société à laquelle je me trouvais confrontée soudainement, et rien ne m'y préparait.

Je passais donc mes nuits à ruminer mes problèmes qui, du coup, prenaient des proportions colossales. Le matin, je n'étais pas bien fraîche, évidemment, et tout me paraissait plus compliqué que la veille. Volontariste de caractère, je faisais partie de cette catégorie de gens qui pensent qu'en prenant sur soi, en faisant un effort, on y arrive forcément. Alors, comme je suis plutôt sportive, pour soigner mon insomnie, j'ai pensé à la course à pied – au lieu de mes dix kilomètres habituels, j'en faisais vingt. Le plus étonnant, c'est que malgré la fatigue accumulée, j'y arrivais; je courais presque tous les jours. Je vivais sur les nerfs, m'agitais tout le temps. C'était comme si j'étais sur orbite. Le soir, j'étais exténuée mais ne dormais pas pour autant; mon corps s'écroulait mais mon cerveau continuait à tourner à deux cents à l'heure.

Je connais quelqu'un à qui la même chose est arrivée. Sa dépression a également commencé par des troubles du sommeil, avec cette particularité qu'il se réveillait à trois heures du matin – heure à laquelle se réveillent les déprimés qui ont eu la chance de s'endormir – parce qu'il rêvait qu'on le décapitait, lui ou les gens qu'il aimait. Toutes les nuits. Il y avait de quoi angoisser! Pourtant son cas n'est pas exceptionnel; les cauchemars font partie du lot. Et c'est un cercle vicieux car on finit par redouter de s'endormir de peur de cauchemarder. Moins on dort, plus on est fatigué – autre symptôme de la dépression: l'épuisement.

Je ne dormais pas, j'étais exténuée, j'avais l'impression que le ciel me tombait sur la tête, pourtant, à mes yeux, tout cela ne faisait pas une maladie – tout au plus un petit dérèglement passager –, en tout cas pas de quoi aller voir un médecin qui allait inévitablement me coller des somnifères; encore moins un psychiatre.

Il n'est pas si facile de se résoudre à consulter un psychiatre. Rien que le nom fait peur. C'est bien celui qui soigne les fous? On se sent directement entrer dans la famille. Et puis, que vont dire les voisins? Je me souviens que, les premières fois, j'attendais qu'il n'y ait personne dans l'escalier pour sonner chez le mien. Il est pourtant des pays, en Amérique du Sud notamment, où le psy fait partie du standing. On dit: «Je vais chez mon psy», comme on dirait: «Je vais chez le coiffeur.» Pas en France.

Et puis, pour moi, les somnifères, c'était un truc de vieux. Je revoyais mes grands-parents abrutis tous les matins au réveil après une nuit au Phénergan. «*À leur âge, ce n'est pas grave,* me disais-je alors, *de toute façon, ils n'ont rien d'autre à faire.*» Mais, plus tard, je n'ai pas songé à critiquer ma belle-mère quand elle prenait des bêtabloquants pour faire baisser sa tension, malgré les effets dévastateurs qu'ils avaient au quotidien. Je savais que, sans traitement, elle risquait de mourir, alors qu'importaient les essoufflements, la fatigue et le reste. Pas un instant je n'ai songé que je pouvais être plus malade qu'elle et que de ne pas me soigner était aussi dangereux que de me jeter du cinquième étage.

En effet, la dépression majeure tue davantage que les maladies cardiovasculaires ou que le cancer. D'après l'OMS, dans le monde, seule la pneumonie et la diarrhée présentent un taux de mortalité supérieur. C'est donc une maladie grave, mais c'est aussi une maladie courante, puisque environ cent millions de personnes en seraient atteintes. En France, selon les chiffres de l'Inserm, entre dix et quinze pour cent de la population souffre d'une dépression grave au cours de la vie parmi lesquels dix à vingt pour cent meurent par suicide – ce qui fait environ douze mille morts par an, presque deux fois plus qu'il y a vingt ans.

C'est, en outre, une maladie récurrente ; la moitié de ceux qui en ont souffert rechutent dans les deux ans – même si cela est souvent dû à une mauvaise prise en charge thérapeutique. Plus on fait d'épisodes dépressifs, plus la maladie risque de devenir chronique ; qu'il y ait ou non de nouveaux stress. Certains chercheurs affirment qu'elle finit par altérer la structure et la biologie du cerveau. On évalue à dix pour cent l'augmentation du risque de récidive après chaque épisode.

Petit à petit, je me suis rendu compte que j'avais l'estomac noué en permanence. Je me disais : « *C'est les nerfs.* » Et j'ai commencé à maigrir. Au début, ça ne me dérangeait pas, au contraire. Les filles sont toujours ravies de perdre quelques kilos ; et puis, je courais plus vite puisque j'étais plus légère. Je ne voyais pas mes traits qui se creusaient et mon regard qui partait ailleurs. Comme j'étais de plus en plus accélérée, je « crisais » souvent, comme disait ma fille. Un rien me faisait grimper aux rideaux.

En pensant à cette période, je me souviens du film *Mon oncle d'Amérique*, d'Alain Resnais. C'est une sorte de fable dans laquelle le professeur Henri Laborit (le psychiatre français qui a découvert les neuroleptiques) analyse le comportement des personnages à partir d'expériences pratiquées sur des souris de laboratoire. La plus frappante est celle où l'une d'elles est placée dans une cage, soumise à des décharges électriques répétées, sans possibilité de s'échapper. Après une première phase de panique où elle cherche par tous les moyens à sortir de la cage, elle finit pas rester prostrée et subit les décharges sans réagir. Aujourd'hui, je me revois comme cette souris qui courait partout, affolée, pour essayer d'échapper aux décharges. Plus elle s'efforçait de s'en sortir, plus elle s'épuisait et trouvait les pires solutions.

Je n'ai pas fait mieux. Je me suis démenée comme une damnée, au prix d'efforts surhumains, pour trouver de l'argent au jour le jour en attendant de décrocher un emploi fixe qui réglerait tous mes problèmes. Mais j'avais besoin d'un salaire assez important pour couvrir mes deux remboursements de prêts – et je n'en trouvais pas. Car la dépression trouble le jugement, l'appréciation des situations et nous fait choisir systématiquement les mauvaises solutions ; ce qui explique la spirale infernale du déprimé : sa vie se détériore au fil des jours et c'est de sa faute ! Un autre symptôme de la dépression étant l'extrême lucidité, il s'en rend compte, s'en accuse, se flagelle (encore un symptôme) et déprime encore plus.

Rétrospectivement, le fait est que je dormais sur la solution : si j'avais accepté la fatalité de cette dette, j'aurais vendu mon appartement de Paris, placé l'argent et, avec les dividendes, payé les traites de l'autre appartement, ce qui m'aurait permis de prendre un emploi fixe sans exigences salariales démesurées. Au lieu de cela, lorsque Eduardo m'a demandé de le suivre en province où il avait enfin trouvé du travail, le terrain était prêt pour l'explosion finale.

Je n'ai pas perçu la possibilité d'une vie meilleure avec un salaire régulier pour nous et un débouché professionnel pour lui – et moi aussi peut-être. Je me suis dit que mon ex-mari ne me laisserait pas emmener ma fille, qu'il était hors de question que je parte sans elle, que cet Argentin (qui pourtant avait laissé ses enfants à l'autre bout du monde pour me suivre) était vraiment salaud de me demander une chose pareille – il n'avait qu'à rentrer le soir en train ou trouver du travail ailleurs – et que d'ailleurs je ne devais pas l'aimer tant que ça.

Alors l'entreprise de destruction a commencé. Je ne pouvais pas résoudre le problème mais je pouvais le supprimer (toujours le mauvais choix). Plus d'Eduardo, plus de problème. Au début, il travaillait à temps partiel, et chaque fois qu'il arrivait du train, je trouvais un sujet de dispute pour le mettre à la porte. Il avait fini par prendre ses habitudes à l'hôtel en bas de chez nous. Au bout d'un moment, il ne défaisait même plus sa valise. Encore une fois, la solution était pourtant à portée de ma main : il m'aurait suffi de trancher, d'emmener ma fille qui aurait fait deux cents kilomètres en train pour retrouver son père le week-end à Paris, ou le contraire. Mais j'étais incapable de voir cela.

Tel est le piège de la « mélancolie » que décrit le psychiatre Daniel Widlöcher[1] :

> « *Même dans ses formes graves, elle n'affecte que partiellement le jugement. Certes, le pessimisme colore toute pensée, mais il n'altère pas la qualité du raisonnement. Ce dernier est tendancieux, mais logique et cohérent.* »

On ne se méfie donc pas.

Pour moi tout était devenu insurmontable, impossible, tragique quoi. J'étais hyperémotive ; je n'osais même plus regarder les informations, les mauvaises nouvelles me faisaient fondre en larmes, les bonnes aussi d'ailleurs. Je pleurais en public, en plein dîner chez des amis, chez la boulangère, sans raison. J'étais de plus en plus confuse, agressive et obstinée. Un jour, j'ai mis toutes les affaires d'Eduardo sur le palier, devant les voisins ébahis. C'était la goutte de trop. J'avais dépassé les bornes. Jusque-là, je pensais toujours, au fond, pouvoir

1. Toutes les références des ouvrages cités sont dans la bibliographie.

le convaincre de rester. Cette fois, j'étais venue à bout de sa patience. C'est un homme au naturel plutôt doux mais capable de se refermer comme une huître. C'était fait. Définitivement.

Puis vint le jour du déménagement. Eduardo travaillait désormais à X... à plein temps et y avait loué un appartement. Sa fille, âgée de huit ans, venue d'Argentine pour les vacances d'hiver, m'avait convaincue de les accompagner ; je crois qu'elle m'aimait bien. J'ai fait le voyage en camionnette, la tête posée sur ses genoux ; elle me caressait les cheveux. Moi aussi je l'aimais bien ; pourtant, je me souviens de cet emménagement comme d'une torture. Il neigeait. J'étais dévorée d'angoisse. Le milieu du corps me faisait mal en permanence. J'étais déjà très maigre et le froid me transperçait. Je n'arrivais pas à respirer. Entre Eduardo et moi, c'était le mur de Berlin.

L'écrivain américain Andrew Solomon, victime d'une longue et grave dépression, décrit très exactement ce que je ressentais alors :

> « *J'avais comme un besoin physique d'une urgence insupportable dont rien ne pouvait me soulager, comme si je vomissais sans cesse mais n'avais pas de bouche.* »

Je passais mon temps à vomir à l'intérieur.

Le lendemain, je suis rentrée à Paris. C'était en février 1991. Arrivée chez moi, j'ai senti le vide de l'appartement m'envahir et je l'ai immédiatement associé au vide de ma vie : je n'avais plus de travail, je souffrais comme une bête, les dettes s'accumulaient et je venais par ma faute de perdre l'homme que j'aimais.

Or, c'était la première fois de ma vie que je me sentais coupable. Malgré un athéisme revendiqué, mon éducation religieuse m'a laissé des séquelles : j'ai passé ma vie à faire mon examen de conscience. Pour moi, c'est comme me laver les dents le matin : c'est automatique. Je me souviens d'une dispute avec Eduardo au cours de laquelle il me reprochait mon intransigeance morale, à son égard en l'occurrence : *« Tu n'as donc jamais rien à te reprocher ? »*, m'avait-il crié, exaspéré. J'étais parfaitement sincère en lui répondant que non. Or ce n'était plus le cas et je me torturais de remords : comment avais-je pu le jeter à la porte devant tout le monde, lui, un étranger, qui avait quitté ses enfants et son pays pour moi ? Je n'étais plus capable de voir qu'il n'avait pas été très solidaire face à mes problèmes, obsédé qu'il était par les siens. Je ne voyais plus que ma faute. Du coup, toute ma passion pour lui revenait au galop mais il était trop tard. Je me rajoutais donc une couche de chagrin d'amour – vraiment, il ne me manquait plus que ça ! En fait, le dernier rempart contre ma folie venait de céder.

À partir de là, tout s'est accéléré – pour le pire. Si j'avais été salariée, on m'aurait mise à la porte. Je ne l'ai pas été parce que je travaillais chez moi. Mais cela n'a pas changé grand-chose au résultat : je rendais en retard des articles incohérents et des traductions pleines de fautes qui ont, petit à petit, fini par décourager mes employeurs. (Il n'existe malheureusement pas de statistiques sur le nombre de déprimés licenciés. J'en ai pourtant rencontré un grand nombre, dans les hôpitaux et ailleurs.)

Les factures s'accumulaient dans l'entrée mais je ne les ouvrais plus, sachant fort bien que je ne pourrais pas les payer. Je ne répondais presque plus au téléphone de peur de tomber sur mon banquier, ce qui a fini par me couper des rares amis qui n'avaient pas déjà disparu. Au début, je faisais des efforts démesurés pour garder figure humaine une semaine sur deux, quand j'avais ma fille. Mais les rares fois où je descendais pour faire des courses, je traversais systématiquement la rue sans regarder et en dehors des clous – au cas où un automobiliste aurait eu la gentillesse de bien vouloir m'écraser. Par la suite, et longtemps après, j'ai aussi essayé d'attraper le sida. Il me semblait qu'une mort naturelle serait moins traumatisante pour ma famille, moins honteuse aussi.

Je n'avais plus d'argent du tout. Ironiquement, en tant que propriétaire théorique de deux appartements, je n'avais droit à aucune aide sociale. Je ne pouvais non plus prétendre à l'allocation chômage puisque je n'avais jamais eu d'emploi salarié en France. En outre, j'étais incapable de prendre des initiatives pour me procurer de l'argent; j'aurais pu vendre des affaires, des livres ou que sais-je! Parfois, je volais dans les magasins, sans prendre beaucoup de précautions d'ailleurs. Une fois, je me suis fait prendre. J'en étais presque soulagée, j'imaginais qu'on allait m'arrêter, que je serais prise en charge, que je n'aurais plus de soucis. Mais non. Le vigile m'a demandé de payer. J'ai dit que je n'avais pas d'argent. Il m'a regardée d'un air dubitatif et m'a proposé gentiment de lui remettre un chèque postdaté. J'ai accepté, par lassitude. Je ne devais pas correspondre au profil de la délinquante.

Je ne mangeais presque plus. Je n'avais jamais faim; l'angoisse noue l'estomac. J'étais si décharnée que je fuyais les sièges en dur, qui me laissaient des bleus sur le coccyx. Et pourtant, je ne me voyais pas. J'avais perdu le contact physique avec moi-même.

J'étais donc chez moi, seule, au milieu du désastre de ma vie, terrassée par une douleur qui grandissait sans cesse. Je ne me souviens plus combien de jours j'ai tenu. J'en ai gardé le souvenir d'une formidable crise d'angoisse qui n'aurait pas eu de fin. C'était inconcevable.

J'avais jusqu'alors résisté tant bien que mal à ces attaques qui me prenaient n'importe où. Je savais que ça allait passer. Nous avons tous un jour ou l'autre expérimenté la boule dans la gorge, les sueurs froides, la bouche sèche et le cœur qui s'emballe. J'avais même résisté aux attaques de panique qui me laissaient pantelante au milieu de la rue ou d'un magasin, n'importe où, incapable d'avancer ni de reculer, persuadée qu'une catastrophe allait survenir, là, tout de suite, que j'allais mourir sur-le-champ, moi ou quelqu'un que j'aimais. Mais cette fois, c'était différent. J'avais beau me gaver de

Lexomil, les crises ne m'accordaient aucun répit. J'étais littéralement pliée en deux de douleur, parfois je me roulais par terre en hurlant. Je ne répondais presque plus au téléphone, ne sortais plus, ne mangeais plus, entièrement concentrée sur cette chose qui me dévorait l'intérieur. Ahurie chaque fois que cela augmentait encore d'un cran. Non, ce n'était pas possible, toujours plus. Il m'a semblé alors que seule la mort pourrait m'en délivrer.

Les gens ne comprennent pas qu'on puisse souffrir d'une douleur physique alors qu'on n'a pas de maladie organique. Ils ne peuvent pas se le figurer.

En commençant à écrire ce livre, moi-même j'ai eu besoin de vérifier que je n'étais pas la seule, que je n'exagérais pas, que je n'étais pas folle. J'ai d'abord cherché dans la littérature, puis j'ai interrogé des malades. Tous les témoignages concordent.

Jim Ballenger, spécialiste américain de l'anxiété, considère que *« quelques crises d'angoisse au cours d'une journée suffiraient à venir à bout de Hannibal »*.

Martha Manning, psychothérapeute américaine, victime d'une grave dépression, écrit :

> *« Chaque centimètre de ma personne me fait mal, je ne peux pas croire qu'un être humain puisse souffrir autant et pourtant continuer à respirer. Toute échappatoire est illusoire – les distractions, le sommeil, les médicaments, les médecins, les réponses, l'espoir ! »*

Gérard Tixier, psychiatre d'urgence (membre de l'association Urgences Psychiatrie, le SOS Médecins des déprimés), à qui j'avais demandé de me présenter un patient qui saurait exprimer son mal avec des mots, m'a donné le numéro de téléphone de Marie. Récemment installée à Paris, en provenance du Sud, elle était seule dans son petit studio – et dans sa vie – ce soir de grande angoisse où elle l'avait appelé à son secours. Il avait passé presque deux heures à l'écouter, à la calmer, à être là. *« Vous verrez, elle en parle très bien »*, s'était-il contenté de me dire. Il ne s'était pas trompé.

Marie a vécu pendant quarante ans une dépression dont nous reparlerons plus loin. Elle raconte : *« J'étais dans une bulle transparente à travers laquelle je pouvais voir le monde qui m'entourait. Je voyais les autres, des êtres qui allaient, venaient, riaient, désiraient, souffraient même, mais même en souffrant, je les sentais dans la vie. Moi, je n'y étais pas, j'étais dans ma bulle, coupée de tout, et je ressentais une solitude totale, terrifiante, absolue. À l'intérieur de cette bulle régnait une atmosphère noire, glaciale, gluante et surtout cette terrible sensation de solitude « cosmique », le mot n'est pas trop fort. J'avais parfois l'impression que j'étais seule dans l'espace, entourée de vide, de froid, de néant ; l'horreur ! Cette sensation tombait sur moi sans crier gare, je pouvais me réveiller en me sentant à peu près bien, hors de la bulle, avec même l'envie d'entreprendre quelque chose et puis tout à coup, sans que je puisse expliquer pourquoi, cela me retombait dessus. Mais c'est plus que ça, c'est pratiquement indescriptible parce qu'à ces sensations purement psychiques s'ajoutait une souffrance physique palpable. Située au creux du plexus, la sensation très nette d'une bête à mille pattes qui me rongeait les entrailles, lentement mais sans s'arrêter, une bête que j'aurais voulu pouvoir extirper par tous les moyens.*

Le fin du fin, c'est quand la bulle et la bête s'y mettaient ensemble. Ça me donnait envie de me tuer, c'était la seule manière de faire cesser tout ça. »

Il existe peu de maladies aussi douloureuses que la dépression. Le biologiste anglais Lewis Wolpert, dont la femme est morte d'un cancer quelques années après l'avoir aidé à sortir de sa dépression, le dit carrément : *« C'était pire que de regarder ma femme mourir de son cancer. »*

Je suis allée à Londres pour le rencontrer. Avec ses épais cheveux blancs en désordre, son pull à col roulé et son allure dégingandée, Wolpert ressemble à un vieil adolescent (il a plus de soixante-dix ans). Il habite avec sa famille une petite maison qui lui ressemble, douillette, un peu bordélique et très sympathique. Il faut enjamber les vélos dans l'entrée pour accéder à l'escalier, mais à peine installée sur le divan du salon, sa – nouvelle – femme vient m'offrir un verre de vin. Nous avons échangé nos expériences de la maladie et immédiatement, malgré la distance de la langue, nous étions sur la même longueur d'onde: « *Je ne pensais qu'à me tuer, du matin au soir; ça n'a rien à voir avec ce qu'on connaît dans la vie, personne ne peut comprendre; un psy qui n'a jamais eu de dépression, c'est comme un dentiste qui n'aurait jamais eu mal aux dents; je pensais que je devenais fou; la pire expérience de ma vie; c'était terrible, je ne pouvais plus travailler, ni faire de vélo, ni courir, ni jouer au tennis, je brûlais de l'intérieur, je tremblais tellement que je pensais avoir attrapé la maladie de Parkinson!* »

Sa femme, exclue de fait par ces souvenirs d'anciens combattants, s'en va dans la cuisine préparer le dîner. Je l'entends répondre au téléphone, mi-ironique, mi-exaspérée: « *Ils échangent leurs listes de médicaments...* » Elle n'a pas tort. Je suis toujours étonnée de constater à quel point les déprimés forment comme une secte – les « autres » ne peuvent pas comprendre. En écoutant Wolpert, je me disais que j'aurais pu lui mettre les mots dans la bouche. Vers la fin de notre entretien, je lui ai demandé combien de temps avait duré sa maladie: « *Deux mois et demi* », m'a-t-il répondu. Sur le moment, j'ai cru qu'il plaisantait, mais je me suis vite rendu compte qu'il n'en était rien. Nous parlions bien de la même chose. Quelle qu'en soit la durée, la dépression – quand elle est sévère – est une expérience si traumatisante qu'elle abolit le temps.

D'ailleurs, qu'est-ce qui pousse les déprimés à se tuer sinon le plus souvent la douleur? Physique ou morale, c'est la même. Wolpert, qui est aussi cardiaque, dit que « *c'est une douleur physique qui ressemble étonnamment à une douleur coronarienne ou à des coliques néphrétiques* », précisant que, s'il pouvait choisir, il préférerait les coliques néphrétiques.

Ce n'est donc pas pour mourir que les déprimés se tuent, c'est pour en finir avec leur douleur. Le suicide marque aussi l'échec de la médecine, qui n'a pas réussi à la soulager. Pendant mes crises, je me prenais à rêver qu'il existait une pilule miracle anesthésiante…

Je continue de me demander si la souffrance est la cause de la maladie, le résultat de la maladie ou la maladie elle-même. Les novices essaient d'en parler, espérant pouvoir communiquer leur enfer. On entend des « Je n'en peux plus », « J'ai trop mal », « Il faut que ça s'arrête », auxquels on répond le plus souvent par des « Secoue-toi ! », « Réagis ! » ; précisément ce qu'ils sont incapables de faire et qui cause leur dépression.

Dans les hôpitaux psychiatriques, le paysage change. Les patients ont souvent de la bouteille dans leur pathologie, il y a longtemps qu'ils ne parlent plus. Sachant très bien ce que les autres malades ressentent, ils ne les interrogent pas. D'ailleurs, ils sont trop occupés par leur propre douleur pour s'intéresser à autre chose. Quand le personnel soignant leur demande comment ils vont, ils répondent simplement : « Bien » ou « Mal », qu'il faut traduire par « C'est supportable » ou « C'est insupportable ».

Une de mes connaissances, femme forte, professionnelle et mère de famille nombreuse, qui, après avoir vaincu son troisième cancer, s'est retrouvée dans une clinique psychiatrique à la suite d'un suicide raté, m'a confié : *« Je croyais que le cancer était la pire des maladies, je ne connaissais pas celle-là. Les traitements anticancéreux sont éprouvants mais on calme nos malaises et on sait que ça va bientôt finir. Là, j'ai l'impression de n'être plus personne ; je me méprise, j'ai honte, j'ai mal et aucun médicament ne me soulage ; et en plus je n'en vois pas le bout. »*

Car la dépression change la perception du temps. Comme l'exprime très bien Andrew Solomon :

> *« On ne peut ni se souvenir clairement comment c'était avant, ni imaginer que l'on puisse un jour se sentir mieux de nouveau. Être malade, même*

très malade, est une expérience temporelle, alors que la dépression est intemporelle. On se perd soi-même. »

Tout comme souffrent les enfants qui n'ont pas assez vécu pour savoir que leur douleur connaîtra probablement une fin, et qui imaginent qu'ils vont devoir la supporter pour le reste de leur vie.

À l'instar des gens qui ont des difficultés à comprendre la douleur accompagnant la dépression, ils s'imaginent à tort que les déprimés sont, tout simplement, excessivement tristes. Bien sûr, il y a une part de vérité dans cela. Pourtant, s'il est certain que la tristesse est l'un des symptômes de la dépression, on peut être triste sans être déprimé voire déprimé sans être triste, mais c'est plus rare.

La tristesse est une émotion normale, tout comme il est normal d'être affligé par la perte d'un être cher, entre autres. Le deuil ne devient pathologique que lorsque le désespoir dure au-delà d'un certain temps. On a tendance aujourd'hui à tout médicaliser, même les sentiments. Certains généralistes traitent systématiquement le deuil au Prozac un peu de la même façon qu'il y a vingt ans, on donnait du Théralène aux enfants pour les faire dormir ou qu'aujourd'hui, aux États-Unis, on met les gamins agités sous amphétamines.

Comme le recommande le psychiatre Alain Gérard, il faut apprendre à faire la différence entre le normal et le pathologique. La tristesse ne devient une maladie que si même une bonne nouvelle ne parvient pas à la modifier.

M. X réagit si mal à l'annonce du cancer de sa femme, que cette dernière, le voyant s'enfoncer chaque jour davantage dans la morosité, insiste – sans succès – pour qu'il consulte un psychiatre. Il est vrai qu'il semble plus affecté qu'elle par la nouvelle. Quelques mois plus tard, quand il se révèle que la tumeur est bénigne, il retrouve son humeur habituelle. S'il avait été réellement déprimé, il le serait resté, malgré tout.

« L'état provoqué par la perte d'un être cher ne s'accompagne pas seulement de tristesse, mais d'un profond abattement et d'un désintérêt généralisé. Nous subissons le choc douloureux sans lutter. Mais au bout de quelques jours ou de quelques mois, "la vie reprend ses droits" et les stimulations habituelles qui sont normalement une source de plaisir ou de déplaisir redeviennent l'aiguillon de l'activité. […] La dépression ne coïncide pas avec la tristesse, affirme Daniel Widlöcher, elle survient quand l'expérience douloureuse provoque une suspension de l'incitation à agir. D'ailleurs, il existe de grandes douleurs morales sans dépression. »

4

La chute

J'ai eu beaucoup de mal à reconstituer l'histoire de ma dernière dépression, la chronologie – et même le nombre ! – de mes cinq suicides. Pour moi, ces deux ans constituaient comme un magma informe. Je ne sais si ce sont les médicaments que j'absorbais pour tenter de me suicider, ceux que je prenais tous les jours pour tenter de ne pas le faire, ou simplement un réflexe de protection consistant à oublier ce qui fâche, ou les trois ensemble, toujours est-il que j'ai dû consulter mon entourage pour qu'il m'aide à recouvrer la mémoire. Là, j'ai constaté que je n'étais pas la seule à avoir fait l'impasse. Il m'a fallu procéder à des recoupements très sophistiqués pour retrouver les dates, les lieux et les événements, écrire aux hôpitaux pour qu'ils consultent leurs archives. J'ai même essayé le commissariat de mon quartier. Sans succès d'ailleurs.

Ce qui ressort aujourd'hui de ce « magma », c'est mon obsession compulsive de mettre fin à mes jours, assortie d'un étrange détachement de mon cerveau quant aux moyens d'y parvenir. J'ai appris par la suite que cette sorte de lucidité faisait partie de la maladie. J'y pense souvent depuis, car j'ai gardé ce trait de caractère qu'il me semble au demeurant avoir toujours eu. Il représente une fragilité à mes yeux. Je ne peux m'empêcher de penser que si l'on voit les choses et les gens – soi-même y compris – exactement comme ils sont, il y a de quoi déprimer.

On ne se rend pas compte à quel point c'est dur de se tuer, surtout quand il faut s'acharner, se couper, se violenter. Ça fait mal. Tout le corps résiste ; c'est l'instinct de conservation. C'est fort, il faut lutter contre, c'est un bras de fer, il vous retient, vous torture. On se sent comme un champ de bataille de tant de contradictions ; on se sent utilisé contre son gré, par cette chose dedans – la bête – qu'on doit extirper. Il faut vraiment avoir du cran pour se tuer et ceux qui disent que c'est lâche, je leur propose d'essayer, on en reparlera après.

Au début, on essaie ce qui fait le moins mal et le moins peur – tout est relatif. Pour ma part, je ne voyais pas pourquoi j'aurais dû m'infliger une douleur supérieure à celle dont je voulais me débarrasser. Mais inévitablement, au fur et à mesure qu'elle augmente, les méthodes suivent.

Les femmes entretiennent un rapport particulier à leur corps. Les hommes sont plus expéditifs : ils se jettent par la fenêtre, se tirent une balle dans la tête, se font hara-kiri (j'en ai connu) ou se pendent dans le grenier. Certains en ressortent paralysés, aveugles ou lacérés de cicatrices. C'est la testostérone, paraît-il. Cela expliquerait que les femmes réussissent moins bien leurs suicides que les hommes, alors qu'elles essaient beaucoup plus souvent qu'eux. Selon les chiffres de l'Inserm, sur les douze mille suicides annuels réussis et recensés (un grand nombre sont maquillés en accidents pour des raisons religieuses, morales ou financières), si les femmes tentent trois fois plus que les hommes de se suicider, ces derniers réussissent deux fois plus qu'elles. Vers l'âge de trente ans, c'est d'ailleurs leur première cause de décès. Aux États-Unis, où les armes à feu sont en vente libre, les hommes se tuent cinq fois plus que les femmes. Selon les études françaises, les moyens utilisés pour se supprimer sont respectivement, pour les hommes et les femmes :

	Homme	Femme
La pendaison :	41 %	28 %
Les armes :	30 %	8 %
Le poison :	10 %	25 %
La noyade :	7 %	20 %
Autres :	12 %	19 %

Une femme qui « se rate » aux médicaments est presque toujours soupçonnée d'avoir fait semblant. La violence impose davantage le respect. Il est certain qu'on court moins le risque d'échouer en se jetant du haut de la tour Eiffel qu'en avalant deux tubes de somnifères. Et que si l'on veut seulement lancer un appel au secours – comme cela arrive aussi –, on évite de se faire hara-kiri. Toutefois, je peux vous assurer que le choix de la méthode n'est pas suffisant pour déterminer la volonté réelle de mourir de quelqu'un. Et je vous garantis que mes sept suicides (en comptant ceux de mon adolescence), quelle que fût la méthode employée, étaient tous « sincères ». C'est d'ailleurs pourquoi je répugne à utiliser le mot « tentative de suicide ».

J'ai donc passé des heures à réfléchir à la meilleure manière de me supprimer. En fait, il me semble que je n'ai fait que penser à ça. Je me perdais dans les détails techniques. Les premières fois, c'est comme si l'on se tapait la tête contre le mur. On ne réfléchit pas – on avale ce qu'on a sous la main. Après un certain nombre d'échecs, on devient plus systématique. La problématique est la suivante : il s'agit de mettre fin à sa vie de la manière la moins douloureuse possible et sans risquer de se mutiler. Or on se rend vite compte qu'il n'existe pas de suicide garanti à 100 % et que les moyens les plus sûrs sont aussi les plus risqués. S'ajoute à cela le fait qu'il faut lutter contre l'instinct de survie, que la douleur crée une urgence, qu'à cause des médicaments on n'est pas au mieux de sa forme intellectuelle et qu'au désespoir causé par la maladie se superpose celui de laisser les gens qu'on aime et qui parfois dépendent de vous.

Moi, j'étais dans ma bulle, dévorée par cette chose monstrueuse à l'intérieur de moi qui occupait tout mon présent et me coupait du monde, au point que parfois je ne voyais plus ma fille. Ni elle ni personne d'ailleurs. Pourtant, j'étais torturée à l'idée de l'abandonner. Je voulais mourir mais je ne voulais pas la quitter ; j'avais trop peur de la faire souffrir. Depuis presque dix ans, elle était ma principale préoccupation. Je m'étais toujours dit que je n'aurais qu'un enfant. Je ne voyais pas comment j'aurais pu en aimer deux comme ça, j'avais la terreur de la perdre. Quand elle était petite, je rêvais souvent que je l'oubliais sur le quai d'une gare. Je me réveillais en sueur.

La psychologue américaine Martha Manning s'est trouvée confrontée au même dilemme :

> « *Je sais que je suis piégée. Je ne peux pas laisser mon enfant. Il vaut mieux une mauvaise mère qu'une mère décédée. Mais malgré tout, je ne peux pas m'arrêter d'y penser. [...] Je veux mourir. Je ne peux pas croire qu'on puisse se sentir comme ça. Mais c'est le sentiment le plus fort que j'aie jamais ressenti jusqu'à aujourd'hui, plus fort que l'espoir, ou que la foi ou même que l'amour. [...] Ce n'est pas que je veuille mourir, c'est que je ne peux pas continuer à vivre comme ça. Je ne veux pas mourir parce que je me déteste. Je veux mourir parce que, d'une certaine manière, je m'aime suffisamment pour vouloir que cette souffrance prenne fin.* »

Pour ma part, j'avais cessé de penser, la digue avait cédé. C'était une évidence brutale, impérative, compulsive. J'avais encore l'illusion de la facilité, alors j'ai préparé la dose de médicaments qui devait m'assurer le repos éternel. J'ai avalé. Et le soulagement est venu presque immédiatement. Je me suis sentie glisser, j'étais légère, étourdie.

C'est probablement ce soulagement ponctuel qui a permis à l'autre partie de moi-même de reprendre de dessus ; j'ai attrapé le téléphone posé à côté de mon lit et, d'une voix pâteuse, j'ai appelé mon ex-mari au secours.

Après, c'est lui qui m'a raconté. Rien que du banal, en fait. Il avait le trousseau de clefs de ma fille mais j'avais mis la chaîne. La panique, le commissariat, les pompiers, la porte qu'on enfonce, la civière, l'ambulance, les urgences de l'hôpital Saint-Antoine, l'attente (plus dure à supporter pour lui que pour moi qui étais dans les vapes), puis le lavage d'estomac (il paraît que ça ne se fait plus, on fait avaler du charbon pour absorber les toxiques, c'est moins désagréable), un rapide passage chez le psy de service qu'on est trop sonné pour écouter et nous voilà sur le trottoir, sans le moindre traitement en poche.

Ensuite, j'ai passé plusieurs jours et plusieurs nuits chez mon ex-mari, incapable de manger, de bouger ou de dormir, recroquevillée dans le noir sur le lit, dévorée de douleur et secouée de sanglots. Si j'avais été enterrée vivante au fond d'un caveau glacé et humide, je ne me serais pas sentie plus misérable. C'était comme si tout avait encore empiré d'un cran. Il n'y avait pas de répit. Je le suppliais de m'achever. Un jour, je lui avais fait promettre que si j'étais victime d'un accident ou d'une maladie trop douloureuse ou invalidante, il ferait ce qu'il faut. C'était le moment.

Au bout d'une semaine, la douleur n'avait pas diminué d'un iota. À bout de forces, je lui ai demandé de me raccompagner à Saint-Antoine. Cette fois, c'est moi qui ai imploré le psy des urgences de m'indiquer l'adresse d'un collègue.

Les réveils de suicides manqués sont probablement ce que j'ai vécu de plus minable. Non seulement à cause de la sensation d'échec (on vient encore de rater un truc dans sa vie et pas des moindres, la mauvaise conscience et la réprobation des autres en prime), mais aussi parce que la douleur redouble, comme pour nous le faire payer. Rien d'étonnant à ce que nombreux soient ceux qui recommencent à peine rentrés chez eux.

C'est ce que j'ai fait, mais quelques mois plus tard. Même scénario, même résultat. Je me suis réveillée cette fois-là dans une chambre d'hôpital.

Quand j'ai ouvert les yeux, ma mère et mon ex-mari se trouvaient au pied de mon lit. Je n'avais pas encore complètement recouvré mes esprits quand j'ai entendu celui-ci m'annoncer qu'il avait décidé de partir travailler deux ans en Afrique et qu'il emmenait notre fille puisque, de toute évidence, je n'étais pas en état de m'en occuper.

J'ai d'abord pensé avoir mal compris, ou qu'il s'agissait d'un de ces cauchemars que l'on fait lorsqu'on n'est pas tout à fait réveillé. Quand j'ai réalisé qu'il ne plaisantait pas, j'ai fermé les yeux longtemps, persuadée que, vu le gouffre qui venait de se creuser au fond de moi, il suffirait que je ne concentre pour y disparaître. Ça n'a pas marché.

Incrédule, j'ai questionné mon entourage; je ne comprenais pas que personne ne fasse rien pour l'en empêcher. « *Évidemment*, m'a-t-on répondu en substance, *ce n'était pas le meilleur moment pour te l'annoncer, mais pense à ta fille.* » J'avais beau essayer de me persuader qu'ils avaient raison, je savais que cela me tuerait. J'ai essayé vaguement d'argumenter que ma fille pourrait demeurer chez son père à Paris et que je ne la verrais que de temps en temps, quand je me sentirais mieux. L'argument décisif est tombé comme un couperet: puisque j'étais dans l'incapacité de payer les traites de l'appartement de la montagne, c'est mon ex-mari qui allait s'en charger (par contrat, il était caution). Mais pour cela, il lui fallait améliorer ses revenus en partant à l'étranger, d'autant que, me trouvant dans l'incapacité de gagner ma vie, il allait devoir entretenir notre fille à plein temps. CQFD. Incontournable. Son raisonnement était irréprochable et lui aussi. Quoi que je dise ou fasse se retournait contre moi. J'étais la mauvaise mère incapable d'assumer ses responsabilités. Je m'en rendais bien compte. Il me semblait que tout le monde le pensait. J'ai donné mon accord pour qu'ils partent, exactement comme si j'avais signé mon arrêt de mort.

Longtemps, j'ai pensé que ces choses-là n'arrivaient qu'à moi. Pourquoi les autres parvenaient-ils à se suicider et pas moi ? Je me sentais aussi ridicule que ce personnage féminin du film *Delicatessen*, qui ne cesse de combiner mille et une manières de mettre fin à ses jours sans jamais y parvenir tout au long du film. D'ailleurs, la salle riait de bon cœur.

La grande poétesse américaine Sylvia Plath – qui finira par se suicider, laissant deux enfants en bas âge – raconte dans un de ses livres sa première dépression survenue à l'âge de dix-neuf ans. En lisant son récit, je me suis dit qu'on était au moins deux :

> « *Cela faisait vingt et une nuits que je n'avais pas dormi.*
> « *Ce matin-là, j'avais fait un essai.*
> « *Je m'étais enfermée dans la salle de bains, j'avais rempli la baignoire d'eau chaude et j'avais sorti une lame Gillette.*
> « *Quand on a demandé à un philosophe romain, ou à je ne sais plus qui, comment il voulait mourir, il a répondu qu'il s'ouvrirait les veines dans un bain chaud. Je trouvais ça facile de s'ouvrir les veines dans une baignoire. [...]*
> «*Mais après, il a fallu passer aux actes, la peau de mes poignets avait l'air si blanche, tellement vulnérable que je ne pouvais me résoudre à le faire. [...]*
> «*Je me suis avancée devant l'armoire à pharmacie. Si, en le faisant, je me regardais dans la glace, ce serait comme si je regardais faire quelqu'un d'autre. Comme dans un livre ou au théâtre.*
> « *Mais la personne dans la glace était paralysée et trop stupide pour bouger.* »

Hagarde, Sylvia Plath continue de chercher la solution. Elle interroge ses camarades. L'un d'eux lui répond qu'il se ferait « sauter la cervelle » – ce qui la fait réfléchir :

> « *J'étais désorientée. C'était bien une idée d'homme de faire ça avec un pistolet. Je n'avais aucune chance de mettre la main sur un pistolet. Et même*

si j'en avais l'occasion, je n'aurais pas la moindre idée de l'endroit où je devrais tirer. »

J'ai moi-même longtemps hésité à en passer par les armes (si je puis dire). Quand j'étais petite, un voisin était resté aveugle après s'être tiré une balle dans la tempe. Cette idée m'avait longtemps empêchée de tenter le coup, mais après tant d'échecs, j'avais fini par l'envisager sérieusement. J'étais donc entrée dans une armurerie près de la République pour acheter une arme. « *De quel type ?* », m'avait demandé le vendeur, goguenard. J'étais partie en courant.

« *Je pensais que la noyade devait être la plus douce des manières de mourir, et brûler, la pire*, poursuit Sylvia Plath. *La seule chose à faire était de me noyer tout de suite et ici même.*

« *Alors je me suis arrêtée. J'ai ramené mes mains sur la poitrine, j'ai rentré la tête et j'ai plongé en me servant de mes mains pour écarter l'eau. La pression écrasait mes tympans et mon cœur. Je me laissais couler, mais avant que je sache ce qui m'arrive, l'eau m'avait déjà recrachée au soleil. J'ai plongé et replongé, mais chaque fois je remontais comme un bouchon. Déjà, ce même matin, j'avais essayé de me pendre. Dès que ma mère était partie travailler, j'avais pris la cordelette de soie de sa robe de chambre jaune. Dans l'ombre feutrée de la chambre, j'avais fait un nœud coulant. [...] Ensuite, j'étais partie à la recherche d'un endroit où j'aurais pu accrocher ma corde.*

« *Le problème était que notre maison n'avait pas des plafonds comme il faut. Après un moment décourageant passé à chercher sans succès, avec la corde passée à mon cou comme une queue de chat jaune, je m'étais assise sur le bord du lit de ma mère et j'avais essayé de serrer la corde avec les mains. Chaque fois que j'avais tiré sur la corde suffisamment pour que je sente pleurer mes yeux et le sang monter à mon visage, mes mains faiblissaient, elles laissaient glisser la corde et je me sentais mieux à nouveau.* »

Elle comprend donc qu'elle va devoir lutter contre son instinct de conservation, contre la nature en somme, et que c'est une autre paire de manches.

> *« C'est alors que j'ai compris que mon corps possédait plus d'un tour dans son sac. [...]*
> *« Il allait falloir que je le trompe avec le peu d'intelligence qui me restait, sinon il allait m'enfermer pour cinquante ans dans une cage absurde, ayant alors complètement perdu la boule. »*

Tout comme le sien, mon corps était devenu l'ennemi à abattre.

Le suicide est un sujet qui dérange. Il touche à l'interdit, à la liberté, à l'ordre de la société, à la vie, à la mort, à Dieu même, pour certains. Saint Augustin ne disait-il pas que : « *Celui qui se tue ne tue rien d'autre qu'un homme, il est homicide. Le suicide est injurieux pour Dieu et représente la révolte totale de celui qui se considère maître de la vie et de la mort, s'égalant à Dieu* » ? En 562, le concile de Prague prive de rites funéraires tous les suicidés ; en 693, celui de Tolède prononce leur excommunication. La position de l'Église ne s'atténuera qu'au début du siècle, quand le pape Benoît XV exclura de cette mesure les suicidés ayant agi dans un moment de folie ou qui se seraient repentis avant de mourir. L'Ancien Régime, par une ordonnance de 1670, avait déjà adopté la même attitude en privant le suicidé (non dément) de sépulture et en le réprimant pénalement. Il a fallu attendre la révolution de 1789 pour que la législation républicaine se démarque de l'Église en déclarant que le suicide fait partie de la liberté de l'homme. Aux États-Unis, aujourd'hui encore, dans certains États le suicide est toujours un délit : celui qui se rate va en prison. L'inefficacité de cette mesure a été prouvée par les statistiques, ce qui n'a rien changé à la loi.

Le suicide est condamné parce qu'il fait peur. En Europe, jusqu'à il n'y a pas si longtemps, les suicidés étaient pendus sur la place publique. En France, on les pendait par les pieds, puis on traînait le corps à travers les rues avant de le brûler et de le jeter dans la décharge publique. La loi précisait que le nom du suicidé était maudit jusqu'à la fin des temps, ses biens revenaient à la Couronne, les nobles perdaient leurs titres, leurs écussons étaient détruits, leurs forêts coupées et leurs châteaux démolis. Ces coutumes ont disparu les unes après les autres mais certaines ont perduré jusqu'à la révolution de 1789. En Angleterre, jusqu'en 1823, on enterrait les suicidés – déclarés « félons » – à l'intersection de deux routes, après leur avoir placé une pierre sur la tête et planté un pieu dans le cœur, comme on le fait aux vampires, pour éviter qu'ils ne reviennent hanter les vivants. Jusqu'en 1870, leurs biens revenaient à la Couronne et jusqu'en 1961, s'ils se rataient, ils étaient envoyés en prison. Même dans la très civilisée Athènes du temps de Platon, on les enterrait en dehors de la ville après avoir coupé la main qui avait commis le crime ; cette dernière était enterrée ailleurs.

Même ceux qui sont censés traiter la dépression ou ceux qui s'y frottent d'une manière ou d'une autre, quotidiennement, ont du mal à admettre le suicide. Le corps médical, les psy, n'abordent le sujet qu'avec réticence dans le but de déterminer si la personne qu'ils ont en face d'eux a l'intention de « passer à l'acte ». Le cas échéant, ils la relèguent dans la catégorie des « suicidaires » et elle devient dès lors beaucoup moins intéressante. D'abord, ils connaissent les limites de leur art : 20 % de ceux qui ont tenté de se suicider recommencent dans les deux ans. Pour eux, on est un peu comme une grenade dégoupillée, ils préfèrent qu'on aille exploser ailleurs. Mieux vaut une bonne vieille névrose récurrente qui se soigne à coups de séances hebdomadaires ou de médicaments, c'est plus lucratif et moins stressant. S'ils réussissent à la soigner, c'est un succès personnel ; s'ils échouent, c'est que le malade présentait des « résistances ». La mort, elle, est une sanction définitive.

La psychiatre Anne Perrier-Durand ne dit pas autre chose :

> « *J'ai souvent le sentiment que les suicidaires n'intéressent en fait personne. Ce sont de "mauvais malades". Leur mal, en effet, n'est pas localisable directement, ni objectivable par un nouvel examen de pointe pouvant donner lieu à publication. Souvent, au réveil, ils ne sont même pas reconnaissants aux médecins de les avoir maintenus en vie. De manière revendicative ou plus insidieuse, ils mettent au jour les dysfonctionnements tant des services qui les reçoivent que de leur famille, de la société, de l'école ou des systèmes d'intervention destinés à les aider. Si bien que, quand ils le peuvent, les médecins évitent de les accueillir dans leur service.* »

Et puis, il y a ceux qui considèrent le suicide comme un choix de vie. J'ai fait leur connaissance lors d'une visite au siège de l'association SOS Suicide. Un de ses responsables, M. Lestringant, aimable pasteur à la retraite, à la carrure rassurante, au doux regard clair, m'accueille un après-midi dans ses locaux du quatorzième arrondissement. S'il n'a aucun mal à me parler de ses convictions, il est curieusement réticent à l'idée de me présenter les membres de son personnel, « les écoutants », comme il les appelle. Tellement réticent d'ailleurs qu'il ne donnera jamais suite à ma demande. Je me suis donc contentée de ses déclarations et de celles de la conseillère de l'association, une psychanalyste qui passait par hasard, ce jour-là, au siège de l'association, son casque de moto à la main.

Les propos que tient M. Lestringant me laissent rêveuse. Lui qui côtoie tous les jours – téléphoniquement – des « suicidants » m'explique qu'à son avis le suicide est une décision philosophique, qu'il exerce une sorte de fascination sur les gens : « *Nous sommes tous dans cette situation. À un moment donné on se pose la question de son être, on est entraîné dans une telle perte de liberté qu'on veut mettre un terme à son existence.* »

Je lui parle de « compulsion irrésistible », de « douleur insupportable », il me répond « transgression de l'interdit » et même « suicide ludique » pour ce qui est des enfants, puisqu'il ne connaissent pas encore l'interdit. Tout s'éclaire pour moi quand il déclare que la dépression n'est pas une maladie, « *ou alors nous en sommes tous atteints à un moment ou à un autre de notre vie* ». Et si des jeunes de douze-treize ans se défenestrent ou se jettent sous le métro, il n'y a rien de biologique là-dedans : « *Je suis sûr que, dans leur entourage, des personnes se sont suicidées, alors ils pensent que si, toi, tu as franchi l'interdit, moi, je peux aussi.* »

Bien sûr, tous les suicides ne sont pas des conséquences de la dépression. Selon l'OMS, environ 60 % y seraient directement liés et, selon les services de santé britanniques, environ 90 % proviendraient de troubles mentaux en général. On peut aussi se tuer pour des raisons politiques, religieuses ou éthiques comme Claire et Roger Quilliot – un bon exemple à la fois de la difficulté de réussir un suicide, de l'aspect aléatoire du résultat et de l'impossibilité pour les autres de juger de la volonté réelle de mourir d'une personne qui essaie de mettre fin à ses jours.

Le 17 juillet 1998, Claire et Roger Quilliot sont retrouvés inanimés dans leur maison de Clermont-Ferrand. L'ancien ministre socialiste du Logement, âgé de soixante-treize ans, a succombé à une surdose de médicaments mais sa femme, âgée de soixante-douze ans, a été ranimée bien qu'elle eût ingurgité le même cocktail.

Gravement malade depuis de nombreuses années, Roger Quilliot avait démissionné de ses mandats politiques de sénateur du Puy-de-Dôme et de maire de Clermont-Ferrand. Après de nombreuses opérations et des années de souffrance physique, il attendait la mort comme une délivrance. Claire ne pouvait envisager de vivre sans l'homme de sa vie. Ils ont décidé de mourir ensemble pour ne pas être séparés.

Dans une lettre envoyée à *La Montagne*, le quotidien du Centre, ce couple fusionnel, marié depuis cinquante ans, explique son suicide « d'amour » :

> « *L'opinion publique voit généralement dans le suicide un acte de désespoir, une faiblesse pitoyable et (ou) condamnable. Nous comprendra-t-on si je dis que notre choix commun de la mort volontaire à deux est un acte à la fois de liberté et d'amour de la vie dans la plénitude ?* »

Quelques mois plus tard, Claire Quilliot se confie dans le journal *Libération :*

> « *J'adore la vie, je l'aime tellement qu'il m'était impossible de la concevoir avec la souffrance d'avoir perdu quelqu'un qu'on aime. Pour moi, l'idée du suicide a toujours été un repos.* »

Déjà, en 1968, quand son mari avait connu une première alerte cardiaque, elle y avait songé :

> « *Je découpais dans les journaux tout ce qui avait trait au suicide pour avoir des informations sur la façon dont les gens se donnaient la mort. Ce n'est pas facile de se tuer, on ne sait pas comment s'y prendre.* »

Aujourd'hui, elle milite dans l'Association pour le droit de mourir dans la dignité :

> « *C'est inadmissible de dépenser des milliards pour des vieillards qui ne veulent pas survivre, dit-elle, si on le décide, pourquoi ne pourrait-on pas mourir en paix ?* »

Claire et Roger Quilliot avaient tous deux sincèrement l'intention de se tuer. Ils ont employé la même méthode pour y parvenir; pourtant l'un est mort, l'autre pas.

Ceux qui pensent que les suicides ratés sont forcément des coups de bluff méconnaissent la réalité. Il n'y a pas de gloire à vouloir mourir, mais ce n'est pas un jeu non plus et je sais parfaitement que si je suis vivante aujourd'hui moi aussi, c'est parce que j'ai un gros cœur solide – c'est tout. Je n'y vois ni la main de Dieu, ni une inconsciente pulsion de vie, comme on me l'a souvent dit.

Kay Redfield Jamison, une psychiatre américaine maniaco-dépressive devenue la spécialiste de cette maladie, a mené une superbe enquête sur le suicide qu'elle raconte dans son livre *Night Falls Fast* (elle a elle-même tenté de se suicider). Elle y explique, exemples à l'appui, que le choix des méthodes d'autodestruction est influencé par une quantité de facteurs extérieurs et ne suffit pas à déterminer l'envie de mourir de quelqu'un. Elle en donne comme illustration les résultats d'une enquête menée auprès de médecins légistes et de personnes choisies au hasard, à qui on a demandé de nommer les méthodes de suicide les plus mortelles à leur avis. Les réponses sont édifiantes. Les médecins citent les armes à feu, le cyanure, les explosifs, se jeter sous un train ou dans le vide. Alors que les gens – surtout les femmes – pensent sincèrement qu'on meurt plus sûrement en absorbant une overdose de médicaments ou en se coupant les veines.

Les Quilliot avaient pris calmement la décision d'en finir avec leur vie qui, selon eux, ne valait plus la peine d'être vécue. Une décision provoquée par l'évolution de la maladie de Roger, mais rationnelle et préparée avec soin.

Kay R. Jamison raconte des cas de suicides inexplicables qui font penser à la possibilité d'une origine génétique du suicide. Elle cite le cas de frères jumeaux, vivant dans deux États différents des États-Unis, mariés, pères de famille, sans problèmes majeurs ni maladies, qui se sont tiré une balle dans la tête à une semaine d'intervalle, à la plus grande surprise de leur famille et sans un mot d'explication. Des études sur les jumeaux adoptés sont actuellement menées dans plusieurs pays pour tenter d'explorer cette piste.

Pour moi, le suicide s'est présenté comme une compulsion irrépressible. Aux pires moments de ma maladie, ma meilleure amie passait parfois chez moi l'après-midi pour essayer de me distraire. Elle était encore capable de temps en temps de me faire éclater de rire, comme avant. Mais soudain, sans aucune raison apparente, je la chassais sans ménagement : « *Pars maintenant, j'ai trop mal.* » Évidemment, elle s'incrustait. Il lui est même arrivé de passer la nuit chez moi, contre mon gré. Elle tentait de me ramener à la raison en me parlant de ma fille. Je lui répondais : « *Ma fille ? Quelle fille ?* » C'était comme si j'avais tout oublié. Elle doutait même que je la reconnaisse. Je n'en ai gardé aucun souvenir.

L'écrivain britannique Al Alvarez, ami de Sylvia Plath et déprimé lui-même, raconte l'histoire suivante :

> « *À l'école, nous avions un professeur de physique éminemment sympathique et assez farfelu qui, sur le ton de la plaisanterie, parlait tout le temps du suicide. Il était petit, avec un visage large et rouge, une grosse tête couverte d'une toison grise et frisée et un sourire toujours inquiet. Un jour, à la fin d'un cours, il laissa tomber, mine de rien, que si quelqu'un voulait se couper la tête, mieux valait l'enfiler d'abord dans un sac pour éviter d'en mettre partout. Tout le monde a rigolé. La cloche a sonné treize heures et les élèves sont partis déjeuner. Notre professeur de physique est rentré chez lui à vélo, il s'est mis un sac sur la tête et il s'est coupé la gorge. Il n'a pas beaucoup sali. Plus tard, quand j'ai eu moi-même à affronter la dépression, j'ai commencé à comprendre.* »

Après mes deux dernières tentatives ratées aux médicaments, il n'y avait rien de philosophique dans ma décision de mettre toutes les chances de mon côté et, pour ce faire, d'essayer plusieurs méthodes en même temps. C'était peu avant le départ de ma fille pour l'Afrique ; plus rien ne me retenait. J'ai donc méthodiquement rempli un seau d'eau chaude que j'ai placé sur le côté gauche de mon lit. Je me suis fait un garrot et j'ai cherché la veine dans le creux de mon bras gauche. Pas facile pour un néophyte. J'ai piqué avec la seringue. Le sang a giclé jusqu'au plafond. J'ai envoyé une première seringue d'air. Rien ne s'est passé. J'ai recommencé. Il y avait du sang partout sur les murs. J'ai pensé à ceux qui allaient trouver le corps. Trois fois j'ai recommencé l'opération – sans résultat. J'étais ébranlée. Je tremblais un peu. J'avais peur d'un accident cérébral qui m'aurait transformée en légume avant que j'aie pu terminer. Mais j'étais décidée à garder mon calme ; j'avais de la ressource. J'ai respiré un bon coup et suis passée à la seconde phase des opérations : je me suis saisie de la lame de rasoir que j'avais préparée et j'ai commencé à me cisailler les veines du poignet gauche (je suis droitière). Au début, la peau, la chair, ça allait tout seul, comme dans du beurre, mais je n'aurais jamais cru que la paroi des vaisseaux était si dure. Quand ça s'est mis à saigner vraiment, je me suis allongée sur le côté gauche du lit pour que mon bras puisse pendre dans le seau d'eau posé par terre. J'ai fait les choses dans l'ordre, il ne fallait pas que j'avale les somnifères avant, pour ne pas risquer de m'endormir sur le tas. J'avais préparé les comprimés, je les ai pris dans ma main droite pour les mettre dans ma bouche, puis j'ai attrapé la bouteille de whisky pour les avaler. J'ai bu autant que j'ai pu. Et je me suis endormie comme ça.

Ma mère n'a pas eu de chance. C'est elle qui est entrée dans la chambre avec les pompiers. Elle n'a même pas vu le sang sur les murs blancs, fascinée qu'elle était par le seau. Moi, j'étais réveillée et incrédule – au milieu de mon lit. Comment était-il possible que je me retrouve encore au même point ?

En reconstituant mon histoire, j'y ai découvert des aspects que je n'avais pas relevés. Lors de la première tentative, j'ai délibérément appelé mon ex-mari au secours juste après avoir avalé les médicaments, dans ce bref intervalle de demi-conscience qui précède l'endormissement. Lors du suicide suivant, j'ai – consciemment ou inconsciemment – laissé deviner à Eduardo, au cours d'une conversation téléphonique, que j'allais passer à l'acte. Comme il résidait en province, il a appelé mon ex-mari qui vivait près de chez moi pour l'avertir.

J'ai évidemment essayé de comprendre pourquoi il existait une telle contradiction entre mon désir de mourir et ces appels au secours. L'explication m'est apparue en reconstituant le contexte des événements de ma vie. Lors de mes deux premiers suicides, dans mon adolescence, période durant laquelle j'avais l'impression que personne ne souffrirait de ma disparition, je n'ai laissé ni lettre ni indice. Mais les deux fois suivantes (au cours de cette dernière dépression), il y avait ma fille. J'ai donc laissé une lettre d'explication et mon subconscient a fait le reste. Après ce dernier échec, j'ai appris que ma fille allait partir. C'est comme si cette nouvelle avait ouvert les vannes. Elle n'aurait plus besoin de moi, elle serait même mieux sans moi, la dette s'éteindrait, elle hériterait de mon appartement, n'aurait plus à supporter une mère désespérée. C'était presque un service à lui rendre – on se sent tellement dévalorisé et coupable de tout quand on est déprimé qu'on en vient à se convaincre de ce genre de chose. Je me suis alors retrouvée dans la même situation qu'à l'époque de mon adolescence, et je n'ai plus prévenu personne.

Cette lourde expérience du suicide dépressif m'a fait changer d'avis sur les modalités du droit au suicide. Auparavant, je considérais qu'il s'agissait d'un droit inaliénable et qu'en conséquence chacun devait pouvoir disposer du mode d'emploi pour être en mesure de l'exécuter dans les meilleures conditions, c'est-à-dire sans souffrances. Je suis toujours favorable au droit de mourir dans la dignité, mais je sais aujourd'hui que le déprimé qui se suicide, par exemple au cours d'un «*raptus* anxieux» (nom savant d'une bonne crise d'angoisse), n'exerce pas librement un choix: il y est forcé. Or j'ai pu constater que si, à ce moment-là, quelqu'un vient tempérer cette douleur par la parole, la distraire par sa compagnie (et éventuellement par des médicaments), la crise passe et le suicide n'a pas lieu.

J'ai eu l'occasion, une fois guérie, de m'occuper de personnes déprimées, parfois gravement. Elsa m'a enseigné une bonne leçon, au prix de sa vie, malheureusement. Je la voyais presque tous les jours au plus fort de sa dépression car, dévorée d'angoisse, elle ne supportait plus du tout la solitude et, sous-emploi aidant, j'avais du temps libre. Mon entourage me suppliait de garder mes distances; ma guérison était trop récente et ils craignaient une rechute. Elsa avait, en outre, un côté enfant gâté qui pouvait faire croire aux gens qu'elle abusait. Au fond de moi, je savais que lorsqu'on s'occupe d'un déprimé, il faut être très présent; quoi qu'il en soit, cela faisait plusieurs mois que je la côtoyais sans que mon humeur en fût le moins du monde altérée. Au contraire même, je me sentais utile – j'étais probablement la seule à pouvoir comprendre ce qui lui arrivait. Mais un soir, ma sœur, de passage à Paris, a voulu dîner avec moi. Dans la soirée, Elsa m'a appelée, me suppliant de venir tout de suite. J'entendais bien à sa voix qu'elle allait mal, mais c'était toujours comme ça le soir. Je lui ai promis de passer le lendemain. Elle a insisté en pleurnichant. J'ai pensé que les autres avaient peut-être raison après tout: ce devait être un caprice. Je n'ai pas cédé. Le lendemain, elle était morte.

Les chiffres de l'Inserm sur la répartition du suicide dans les différentes classes sociales montrent qu'elle suit celle de la mortalité générale; c'est-à-dire qu'on se suicide moins dans les classes aisées que parmi les classes défavorisées et les chômeurs, par exemple, voient leur risque de suicide augmenter de 20 %. Selon le ministère de la Santé, qui a lancé un programme national de prévention du suicide, la France se situe dans le peloton de tête des pays les plus touchés en Europe (douze mille suicides réussis pour environ cent quatre-vingt mille tentatives par an), aux côtés de l'Autriche, de la Hongrie, de la Suisse, du Danemark et de la Finlande. (Le taux de suicide le plus élevé du monde serait celui de la Chine.) Le cliché selon lequel la Suède est le pays où l'on se suicide le plus a fait long feu – le système de comptage était seulement plus honnête que dans le reste de l'Europe, surtout dans les pays catholiques. Depuis, l'OMS a uniformisé les critères. Deux pays européens se détachent pour leur taux de suicide deux fois moins important que les autres : la Hollande et l'Angleterre. En quarante-cinq ans, le taux de suicide a presque diminué de la moitié (de dix mille à six mille) chez nos voisins d'outre-Manche.

Je suis allée à Londres pour tenter de trouver une explication à ce phénomène. On m'avait conseillé de rencontrer deux ou trois personnes à l'Institut de psychiatrie de Denmark Hill.

Pour s'y rendre, il faut prendre le train à Victoria Station. Les quartiers que l'on traverse pour arriver à Denmark Hill donneraient à n'importe qui l'envie de se pendre. Décidément, la brique vieillit mal, surtout quand elle n'est pas entretenue ; les kilomètres de murs lépreux et noirs de crasse qui précèdent le complexe hospitalier universitaire en sont une preuve s'il en fallait.

On dit souvent que l'on mesure le degré de civilisation d'un pays à la manière dont il traite ses pauvres (au vu des quartiers que j'aperçois de la fenêtre de mon wagon, l'Angleterre ne se trouve pas dans le top 50) ; on pourrait ajouter : et ses malades mentaux. Il semble que, en ce domaine, la situation soit la même partout : la seule vue d'un hôpital psychiatrique suffit à rendre malade. À la mode anglaise, cela donne des blockhaus de six à sept étages en brique crasseuse, luisante de pluie ; pas une plante, pas un arbre. Dans le hall d'entrée, des affiches : « *Ne laissez rien dans les voitures, risques de vol.* » Voilà qui met tout de suite dans l'ambiance.

J'ai rendez-vous ce matin avec deux psychiatres-chercheurs : Rachel Jenkins et Anthony Mann. Ils sont tous deux professeurs, spécialistes du suicide et ont rédigé des rapports et des manuels pratiques à l'usage des personnels soignants avec le dessein de prévenir ce fléau.

La cinquantaine sophistiquée, moulée dans un long tailleur noir à col de fourrure, les cheveux bruns défaits, le teint pâle, le regard sombre, un peu en retrait comme le sont souvent les femmes psychiatres, Rachel Jenkins constate, chiffres à l'appui, que l'accès aux moyens de se tuer est décisif : les métiers les plus touchés sont bien ceux qui y ont le plus facilement accès, comme les professions médicales (pour les médicaments) et les paysans (pour les armes à feu). Or la France compte davantage de paysans que la Grande-Bretagne… Cette explication me laisse un peu sceptique.

Anthony Mann, un homme affable au regard bleu surmonté d'épais sourcils blonds en bataille, qui travaille en coopération avec la France, aura la gentillesse de m'accorder l'interview dans ma langue. Ce qui l'étonne le plus dans le système français, c'est le manque de suivi des malades après leur séjour à l'hôpital psychiatrique : « *Nous avons voulu effectuer une étude comparée des malades un ou deux ans après leur sortie de l'hôpital, mais c'était impossible car les psychiatres français ne savaient même pas où ils se trouvaient ! En Angleterre, les médecins travaillent main dans la main avec les chercheurs, peut-être parce que le secret médical n'est pas si infranchissable. Nous n'avons pas la même conception du traitement de la dépression,* explique-t-il. *Vos psychiatres aiment utiliser des médicaments, ils choisissent avec soin l'antidépresseur qui conviendra à tel type de dépression, alors que nous considérons qu'ils ont tous un effet équivalent et que seuls changent leurs effets secondaires. En revanche, nous nous intéressons beaucoup à l'aspect social de la dépression : problèmes de chômage, problèmes conjugaux aussi. Pourquoi les femmes mariées se suici-*

dent plus que les femmes célibataires, par exemple, alors que pour les hommes, c'est l'inverse, le mariage les protège ? »

Le système de soins britannique est probablement pour quelque chose dans ces différences d'appréciation de la maladie. Si l'accès aux soins est, théoriquement, gratuit, le budget de la santé représente la moitié du nôtre. Il s'agit donc de faire des économies. L'un des moyens employés consiste à restreindre l'accès aux médecins spécialistes. En première instance, les malades ne peuvent consulter qu'un généraliste qui décidera de la nécessité ou non de les diriger vers un spécialiste. Rachel Jenkins reconnaît qu'ils n'envoient chez le psychiatre que les déprimés ne réagissant pas aux antidépresseurs et, qu'en outre, les généralistes ne sont pas toujours bien formés : « *Beaucoup pensent encore que si la dépression est réactionnelle, il est inutile de la traiter* », admet-elle. Le gouvernement a d'ailleurs mis en place un programme spécial de formation des généralistes au traitement de la dépression, qui s'ajoute à la formation continue qu'ils doivent impérativement suivre sous peine de perdre leur licence.

Formation du personnel, suivi du malade et information du public sont les mots d'ordre de la campagne de prévention du suicide lancée il y a quelques années en Grande-Bretagne. Les généralistes s'entourent de personnels soignants, d'infirmières, de psychologues, d'assistantes sociales, etc., qui suivent le malade à domicile. Ils l'appellent au téléphone de temps en temps et, s'ils sentent qu'un déprimé « décompense », ils alertent le généraliste.

La psychanalyse ne fait pas partie de l'arsenal thérapeutique des médecins anglais, qui la trouvent « trop chère et inefficace », lui préférant les thérapies brèves, comme la thérapie cognitive et comportementale ; ils commencent même à former des infirmières à une nouvelle technique (sorte de minithérapie comportementale), simple et pratique, nommée *problem solving* (apprendre à résoudre les problèmes), qui se pratique en six séances. Anthony Mann croit beaucoup aux réseaux de soins qui se proposent d'aider les déprimés à sortir de leur isolement, et à l'information pour banaliser la maladie et alerter sur les risques de suicide.

Afin de lutter contre les préjugés les plus courants, ils ont fait publier le texte suivant :

— Ceux qui parlent tout le temps de se suicider ne le font jamais :

Faux. Un tiers des suicidés l'avaient annoncé, deux tiers venaient de consulter un médecin, un tiers avaient un passé psychiatrique, quatre sur cinq prenaient des médicaments, un sur six ont laissé un mot.

— Le suicide est un choix rationnel :

Faux. Neuf suicides sur dix sont dus à des troubles mentaux, en premier lieu la dépression, l'alcoolisme et la schizophrénie.

— Si quelqu'un décide de se suicider, il y parviendra quoi qu'on fasse :

Faux. Si la personne ne dispose pas de moyens acceptables pour y parvenir, si l'on soigne sa dépression, si elle obtient de l'aide et un soutien social et psychologique, elle ne se suicidera pas.

À noter que, depuis que le Royaume-Uni a changé son gaz de ville (de houille) pour du gaz moins toxique (de la mer du Nord), le taux de suicide au gaz a chuté.

J'étais assez impressionnée en quittant l'hôpital. Peut-être tenaient-ils la solution, après tout ? Campagne de prévention, suivi des malades à domicile… Pourtant, les Anglais à qui j'en parlais restaient sceptiques. Ils mettaient plutôt l'accent sur les difficultés à se faire soigner depuis que Margaret Thatcher avait réformé le système de santé. Lewis Wolpert, par exemple, avait bien insisté sur le fait que, s'il n'avait pas travaillé dans une faculté de médecine, il n'aurait pas eu accès si rapidement à un psychiatre et sa maladie aurait probablement traîné car son médecin de famille ne l'avait pas diagnostiquée.

En revanche, tout le monde en Angleterre parle des Samaritans (en référence au bon Samaritain de la Bible).

Ils sont présents partout dans la rue, leur numéro de téléphone, affiché sur les arrêts de bus ou sur les murs, envahit la capitale britannique où la lutte contre le suicide, telle qu'ils la mènent, est devenue un enjeu national. Créée en 1953 par le révérend Chad Varah, cette association s'est muée en une véritable institution. Elle est aussi connue que Marks & Spencer, qui la parraine. Son budget (quarante-cinq millions de francs) est financé par des entreprises privées. Ses vingt-deux mille bénévoles, répartis dans deux cents centres à travers le pays, répondent vingt-quatre heures sur vingt-quatre, sept jours sur sept, à quelque quatre millions d'appels téléphoniques par an et reçoivent cent huit mille personnes en détresse. Ils disposent même d'un site Internet. Les bénévoles ne sont pas des professionnels mais des personnes tolérantes et chaleureuses, capables d'écouter sans juger ni opiner. On les appelle les *befrienders* (ceux qui se comportent en amis). Leur succès vient peut-être de leur méthode qui implique une formation individuelle de plusieurs mois et repose sur quelques principes de base comme le respect de l'anonymat, l'absence de tout jugement, de tout commentaire et même de toute tentative de dissuasion au cas où la personne voudrait se suicider – leur mission est de l'amener à réfléchir sur sa décision. Cela suppose de mettre ses opinions politiques, religieuses ou morales dans sa poche, le temps de la conversation. Pas facile.

En 1974, Chad Varah a fondé Befriending International (BI), une association qui applique la méthode des Samaritans dans le reste du monde. Pour l'instant, trois cent cinquante centres ont été ouverts dans une quarantaine de pays. Au Danemark, où le taux de suicide est particulièrement élevé, ils ont lancé une expérience pilote en direction des enfants, visant à leur apprendre dès le plus jeune âge (trois ans) comment exprimer leurs soucis et gérer leurs problèmes.

En France, plusieurs associations (dont vous trouverez l'adresse en annexe) ont adhéré à la charte de Befriending International. Si leurs dimensions sont beaucoup plus modestes que celles de leur consœur britannique, c'est, me semble-t-il, que chez nous persiste une sorte de prévention, de tabou, contre tout ce qui touche à la maladie mentale ou psychologique.

Suite à un grave cancer, Jean-Louis Martin, chercheur de haut niveau, s'est retrouvé « de l'autre côté de la barrière ». Il m'a avoué avoir été surpris de la manière dont son médecin s'adressait à lui au moment d'aborder les suites psychologiques de l'ablation du rein qu'il venait de subir : « *Si un jour vous avez besoin d'aide, ce serait bien que vous consultiez !* » – très gêné. Il est pourtant établi scientifiquement depuis longtemps que l'humeur influence grandement le système immunitaire. En revanche, quand il s'agissait de ses reins, les ordres étaient directs et impératifs : « *Vous me ferez une radio, un prélèvement, etc.* »

> « *Si le tabou persiste, pense-t-il, c'est en partie parce que, en France, la sélection des étudiants en médecine est fondée sur les sciences fondamentales (surtout depuis la réforme Debré). Ils arrivent en quatrième année d'études sans avoir jamais vu un malade et ne reçoivent aucune formation à la relation avec les malades. Les Anglo-Saxons sont certainement moins inhibés.* »

5

Le fond du trou

Octobre 1991 : mon interminable descente aux enfers se traîne depuis plus d'un an. Je souffre comme une bête, sans répit et sans la moindre distraction possible car je ne peux pratiquement plus rien faire. Jusque-là, j'avais encore trouvé des petits boulots de traduction ou de dactylo pour gagner de quoi subsister, mais cela me demande des efforts que je ne suis plus en mesure de fournir. Mon cerveau ne répond plus, mon corps non plus. Je glisse peu à peu vers le néant. Il est temps d'intervenir avant de devenir un déchet.

Je décide de changer de tactique. Cette fois, je dois quitter l'appartement pour qu'on ne me retrouve pas. Mais où aller ? Je n'en ai pas la moindre idée. Soudain, je me souviens que mes parents sont allés en voyage de noces à Veules-les-Roses. C'est bizarre que je pense à ça, j'en ai entendu parler une seule fois il y a au moins vingt ans. Mais décidément, ma tête doit être vraiment malade ; je fais une fixation : il faut absolument que j'aille mourir à Veules-les-Roses. Le nom seul suffit à me faire fantasmer et puis j'adore la mer. Je n'ai plus d'argent mais j'ai une carte bleue. Je repère mon chemin sur une vieille carte Michelin qui traîne sur une étagère, puis prépare un petit sac de voyage avec mes affaires pour la nuit, tout mon stock de médicaments et un grand couteau de cuisine. Je quitte l'appartement, pour toujours. Sans regrets. Curieusement, tout me semble facile à présent. Je vais à la gare du Nord pour louer une voiture et me voilà partie. Je me sens presque bien, un peu exaltée. C'est ma toute dernière journée. Le temps s'éclaircit. Je m'en veux d'avoir oublié mes lunettes de soleil – rien de matériel ne devrait venir gâcher cette journée. Le fait de conduire une voiture sur l'autoroute m'a toujours procuré une sensation délicieuse d'aventure et de liberté. J'essaie de m'accrocher à ce plaisir, un peu dérisoire il est vrai.

Il fait presque nuit quand j'arrive à destination. Le cafard me tombe dessus comme un bloc de béton. Je tourne dans les rues à la recherche de l'hôtel de mes rêves, avec vue sur la mer. Mais on n'y voit goutte et je dois me résoudre à prendre n'importe lequel. Je réserve une chambre pour deux jours « ou plus » et, comme je l'ai entendu dans les films, demande à ne pas être dérangée.

Ensuite je fais ma toilette, m'installe dans le lit, déballe mon arsenal et... quelque chose de lancinant me retient. C'est trop bête, tout allait si bien. Je ne peux pas m'arrêter de penser à Eduardo, j'ai besoin d'entendre sa voix. Je lutte pendant plusieurs heures pour ne pas l'appeler. Mais je finis par craquer. Il est justement chez lui ce soir-là car son frère est venu lui rendre visite. Sa voix est froide. Je sanglote au téléphone – je m'en veux tellement d'avoir gâché mon plan. Ils viennent me chercher au milieu de la nuit et m'emmènent à X... Son frère conduit ma voiture.

Je passe le week-end avec eux. Ils ont de la visite ; on s'étonne de me voir si décharnée. Je suis dans un état second, pliée en deux et incapable d'avaler quoi que ce soit, j'entends les gens comme à travers une vitre. Eduardo ne supporte pas de me voir comme ça, toute son attitude est un reproche, je le sens et ça me rend encore plus malade. Le lundi, je lui dis que je rentre chez moi en voiture. Il semble soulagé.

Mais au lieu de rouler vers Paris, je me mets à errer aux alentours de X... Je cherche un endroit désert pour mettre mon plan à exécution. J'ai retrouvé ma détermination – le week-end m'y a aidée. Finalement, je jette mon dévolu sur un parking découvert de la banlieue de R... Il n'existe pas au monde d'endroit plus isolé – et sordide – que la banlieue de R... J'ai emporté des doses de médicaments suffisantes pour empoisonner un troupeau d'éléphants – le couteau de cuisine est destiné à achever le travail. Forte de mes expériences passées, j'ai calculé qu'en diluant deux boîtes de comprimés dans le contenu de plusieurs flacons (le compte rendu d'hospitalisation en indique six) de calmants, neuroleptiques et somni-fères en sirop, je pouvais en absorber davantage d'un coup ; ce qui me laissera le temps de planter le couteau. Erreur. Je vide le flacon... et m'endors sur-le-champ, le couteau à la main. Le mélange était effectivement détonant.

23 octobre : je me réveille trois jours plus tard dans une salle de réanimation du CHU local. Allongée sur une table d'examen, aveuglée par un énorme spot, hérissée de tuyaux, la première chose que je vois est une pendule murale indiquant en gros caractères la date du jour. C'est mon anniversaire ! Je me lève aussitôt pour chercher une cigarette, histoire de fêter ça. Le personnel me tombe dessus comme si j'avais voulu tuer quelqu'un. On me ceinture, me porte sur la table, me rebranche à tous les tuyaux, puis m'assomme d'interdictions et recommandations en tout genre sur le ton qu'on emploie pour sermonner un adolescent rétif et un peu idiot.

Je n'ai plus alors qu'une idée : sortir de là. Malgré trois jours de coma très profond, je n'ai mal nulle part et me sens capable de marcher. J'attends que tout le monde sorte, arrache mes perfusions et pars en quête de mes vêtements. Je suis majeure après tout, ils n'ont pas le droit de me retenir contre mon gré, non ? Si. À peine repérée, je suis reconduite *manu militari* d'où je viens et menacée de représailles beaucoup plus sévères cette fois en cas de récidive. Je proteste en vain. Il faut que j'attende de voir le psychiatre de service.

De longues heures plus tard, une femme d'une cinquantaine d'années s'approche de moi. De loin, elle ressemble à Françoise Dolto. Je suis soulagée. Elle va me comprendre. D'entrée de jeu, elle me confie, en me montrant son avant-bras tatoué du numéro de matricule des camps de concentration allemands : *« Je vous comprends, je sais ce que c'est que la douleur. »* Ses paroles me font l'effet d'un baume. Je suis tellement en confiance que je me mets à lui raconter ma vie, ma maladie, ma solitude, ma souffrance.

Le lendemain, elle revient me voir. Je la supplie de me laisser sortir, ma place n'est plus ici, je me sens mieux. Elle finit par se laisser convaincre. Je lui en suis infiniment reconnaissante.

Une aide-soignante vient m'aider à me laver, à m'habiller. On me conduit vers la sortie ; une ambulance attend devant le bâtiment. Je suis soulagée. Enfin libre.

Étonnée de ne pas voir ma mère alors qu'on m'avait dit qu'elle était là, je questionne l'ambulancier. C'est alors qu'il m'annonce que je ne sors pas mais qu'on me conduit dans un autre bâtiment, chez les fous ! Je hurle, tente de sortir du véhicule, exige qu'on appelle ma mère. *« Mais, madame, c'est elle qui a signé l'autorisation. »*

J'avais déjà fait de courts séjours dans des centres et hôpitaux psychiatriques et en avais gardé un souvenir cuisant. Chaque fois, à peine franchi le seuil de la porte, j'avais eu la sensation de perdre ma dignité. Comme si instantanément, j'étais devenue quelqu'un d'autre, quelqu'un d'inférieur, un coupable, un reclus dont il faut se méfier et qu'on a le droit de traiter sans égards.

En France, quand on entre dans la catégorie des « malades mentaux hospitalisés », on perd ses droits les plus élémentaires. Celui à l'intimité par exemple : les portes ne ferment pas, tout le monde entre partout comme dans un moulin ; celui de décider pour soi-même : si on veut plus de calmants parce qu'on se sent trop mal, il faut attendre la visite du médecin, mais si on refuse de prendre un médicament aux effets secondaires trop pénibles, on nous force à le prendre ou on nous l'injecte. On ne nous adresse plus la parole directement mais à la troisième personne : « Alors, on a pris ses cachets ? » On n'ose même plus parler puisque nos paroles sont systématiquement interprétées, comme le décrit très bien le sociologue américain Erwing Goffman :

> « *Dans les hôpitaux psychiatriques et les prisons politiques en particulier, [les] déclarations [de l'individu] se trouveront parfois abaissées au rang de simples symptômes ; l'attention du personnel ne portant que sur les aspects non formulés de sa réponse. La plupart du temps, on lui reconnaît un statut insuffisant pour lui accorder ne serait-ce que les signes de la plus élémentaire politesse et à plus forte raison pour l'écouter, ou bien, lorsqu'il s'adresse au reclus, le langage prend une valeur purement rhétorique. Un membre du personnel par exemple peut lui demander "Vous êtes-vous lavé ?" ou bien "Avez-vous bien mis vos chaussettes ?", tout en joignant le geste à la parole pour vérifier lui-même si l'acte a bien été accompli, ce qui rend la question superflue. Au lieu de lui dire d'aller dans une certaine direction à une certaine allure, le gardien va le pousser ou le tirer par la blouse ou encore l'empoigner et le faire marcher de force.* »

Mais le pire de tout, quand on est déprimé, c'est d'être mélangé avec des malades souffrant d'autres pathologies psychiatriques. Un malade des poumons ne souffrira sans doute pas outre mesure de partager sa chambre avec un autre malade des poumons plus atteint que lui ou un malade du cœur. Mais imaginez l'effet que peut avoir, sur une personne déprimée pour la première fois, le fait de devoir partager la chambre d'un schizophrène délirant.

Marie, la femme que m'a recommandée le Dr Tixier, est entrée en clinique psychiatrique pour la première fois en 1968. Elle avait dix-huit ans. Le lendemain de son arrivée, elle a été réveillée par des cris inhumains – son voisin de chambre, âgé de dix-huit ans lui aussi, venait de s'ouvrir les veines pour la énième fois. La surveillante lui hurlait dessus. Quelques jours plus tard, le plus jeune patient du service, âgé de onze ans, tentait d'égorger son infirmière préférée au bout du couloir. On devient vite fou à ce tarif-là. D'autant que le déprimé est particulièrement sensible, c'est même l'une des caractéristiques de son état, et lucide – il sait à chaque instant qu'il est déprimé –, alors que le psychotique, par exemple, perd la conscience de lui-même au cours de ses crises. Obliger un déprimé à côtoyer des pathologies aux manifestations impressionnantes, parfois agressives, revient à augmenter son stress et par là même à détériorer son état. Souvent aussi, l'expérience se révèle tellement bouleversante que le déprimé préfère mourir plutôt que de la revivre, comme Marie, qui a attendu trente ans avant d'accepter de retourner en clinique : « *Trente ans de perdus, trente ans de souffrance, et Dieu sait si j'aurais eu besoin de me faire soigner* », soupire-t-elle.

Patricia Karen James, cofondatrice de l'association France-Dépression, écrit : « *Je fus extrêmement choquée de mon hospitalisation à Sainte-Anne ; j'étais traitée comme une criminelle, sans avoir droit à un simple verre d'eau. Très souvent, l'hospitalisation est vécue comme la sanction suprême et l'échec du traitement ambulatoire. À l'incompréhension de l'entourage s'ajoute l'humiliation au quotidien. À l'enfer de la maladie s'ajoute celui de l'hospitalisation avec sa cohorte de chantages et de menaces puériles. Pourquoi s'étonner alors que les déprimés s'enferment dans un mutisme, se sentent plus mal ou prient le Ciel de les arracher à leurs multiples souffrances ?* »

Sophie a vingt-sept ans, elle est rayonnante, c'est une très jolie fille d'origine anglaise, aujourd'hui mariée et mère d'une petite fille. Il y a cinq ans, à la suite d'un chagrin d'amour, elle a tenté de se suicider en se coupant les veines et en avalant des somnifères. Elle voulait vraiment mourir. Les voisins ont appelé police secours et elle s'est retrouvée aux urgences de l'hôpital Tenon à Paris. Quand elle s'est réveillée, elle était internée dans un service de psychiatrie lourde, toutes pathologies confondues. L'endroit n'était pas trop désagréable, elle bénéficiait même d'une chambre individuelle, mais elle se demandait ce qu'elle faisait là, avec les psychotiques et les débiles. Elle ne se sentait pas spécialement déprimée – son geste impulsif semblait lui avoir permis d'évacuer sa douleur. Elle aurait bien aimé sortir car l'ambiance était lourde : dès que quelqu'un faisait quelque chose d'interdit – et tout semblait interdit –, des « gros bras » se chargeaient de mettre de l'ordre. Quant à la psychiatre, elle était froide et arrogante. Impossible de communiquer. En parlant avec les autres malades, Sophie (qui est une « gentille ») s'est dit qu'elle pouvait peut-être les aider puisqu'elle était moins atteinte qu'eux. Elle les visitait dans leur chambre, leur rendait de menus services, violant ainsi le règlement non écrit. Un jour, les appariteurs l'ont cueillie et l'ont transportée *manu militari* – en profitant pour la peloter tranquillement – jusqu'à la chambre d'isolement dans laquelle elle est restée enfermée plusieurs jours, sans voir personne. Au mitard. Comme en prison. Sa mère, affolée de ne pouvoir lui rendre visite, a demandé à la psychiatre si elle pensait que c'était la meilleure méthode pour guérir une dépression. « *C'est notre méthode, madame, et elle a fait ses preuves.* » Point final.

Dans un petit centre d'accueil psychiatrique parisien où j'ai fait deux brefs séjours, nous étions mêlés aux clochards et aux délinquants. Non seulement on était obligé de prendre ses repas au sous-sol en compagnie de gens dont la vue (et parfois l'odeur) pouvait facilement couper l'appétit, mais durant l'un de ces repas, l'occupant de la chambre voisine de la mienne m'a volé toutes mes affaires, opération des plus aisées puisque les portes n'avaient pas de serrure. Je me suis sentie comme violée, sans papiers, sans argent, dépourvue de mes objets les plus personnels. Sans compter que j'ai dû courir en pyjama – sous camisole chimique comme on l'est dans ces établissements – à la banque, faire opposition sur mon chéquier et ma carte bleue, puis changer la serrure de mon appartement. Il s'est avéré par la suite que ce malade était un délinquant connu des services de police et de la direction du centre médical.

Voici ce qu'indique le compte rendu d'hospitalisation, dont j'ai obtenu copie par l'intermédiaire de mon médecin généraliste : « *Patiente critique, difficultés à accepter le cadre, insatisfaite des soins proposés.* » Puis au bas de la page : « *A été malheureusement victime d'un vol dans le centre, sortie contre avis médical.* » Sic !

Dans ces établissements, on s'était contenté de me remplir le corps de médicaments ; je n'y avais pas rencontré le moindre contact humain, pas le moindre dialogue. Il n'était pas question pour moi de remettre les pieds dans un endroit pareil. C'était aussi clair dans ma tête que pour Erwing Goffman :

> « *L'hôpital psychiatrique représente pour l'analyse sociologique un milieu pathogène privilégié, non pas tant parce qu'on y rencontre des malades mentaux, que parce qu'il s'agit d'une institution totalitaire.* »

Pour revenir à mon histoire, c'est donc dans un état de colère et d'agitation prévisible que j'entre dans le bureau du psychiatre de service de « l'unité de soins normalisés » (comme on intitule pudiquement l'asile de fous du CHR de X...). Ma mère est là. Elle reconnaît avoir signé l'autorisation car « *les médecins disent qu'il est dangereux pour ta vie de te laisser sortir* ». Je lui hurle que je ne veux plus jamais la revoir, que je ne lui pardonnerai jamais ça. J'exige de rentrer chez moi et arrache mes perfusions tout en me dirigeant vers la porte. Dans un établissement psychiatrique, on appelle cela une « crise nerveuse » et non une saine colère devant une atteinte à ses droits. Deux infirmiers se chargent donc de me maîtriser et de m'emporter de force vers ma future résidence.

Parmi ce que Goffman appelle les « agents » qui contribuent à faire passer le malade du statut de personne normale à celui d'interné se trouve le « *proche parent* » (qui peut être un ami très proche) « *sur lequel le futur hospi-*

talisé pense pouvoir le plus compter dans les moments difficiles. [...] Au cours de sa progression vers l'hôpital, le malade peut être conduit à vivre en quelque sorte en tiers exclu, comme s'il se trouvait confronté à une coalition visant à le faire interner». Son plus proche parent le presse d'aller consulter un médecin. *« Cela n'empêche pas toutefois le proche parent d'avoir réglé les détails de l'entrevue en choisissant le spécialiste, en prenant rendez-vous avec lui, en lui exposant le cas, etc. Dès l'arrivée au rendez-vous, le malade prend brutalement conscience que lui et son parent ne sont pas investis des mêmes rôles et que, selon toute vraisemblance, il existe entre son accompagnateur et le spécialiste une entente préalable qui joue contre lui. Cas limite mais fréquent, il arrive que le spécialiste voie d'abord le consultant seul, pour l'examiner et établir le diagnostic, qu'il voie ensuite, seul également, le proche parent pour le conseiller, et qu'il évite avec soin d'aborder des sujets vraiment sérieux quand les deux personnes sont réunies. Même lorsque, sans consultation, un malade doit être enlevé de force à sa famille qui désire le garder, le proche parent est généralement conduit à se ranger aux décisions officielles, si bien que même alors le malade peut avoir l'impression qu'une coalition s'est formée contre lui pour obtenir son internement. Le sentiment d'être ainsi le tiers exclu face à une coalition de cet ordre est de nature à remplir le malade d'amertume. »*

C'est le moins qu'on puisse dire !

Goffman note judicieusement que *« ceux qui suggèrent à quelqu'un d'entrer dans un hôpital psychiatrique ne le préparent généralement pas de façon précise au choc qu'il ressentira à son arrivée ; le circuit des épreuves par lesquelles il passe lui apparaît comme une sorte de couloir de la trahison ».* Dans ce cas, ma mère avait signé par ignorance mais aussi par peur ; le médecin s'étant appliqué à lui faire comprendre qu'elle serait responsable de tout ce qui pourrait m'arriver de grave si je sortais.

Je n'imaginais même pas qu'il puisse encore exister de nos jours des endroits comme « l'unité de soins normalisés ». Toutes les pathologies étaient mélangées, les sexes aussi. Les chambres étaient doubles (unisexes heureusement), mais les douches et les WC étaient collectifs et on devait les partager avec l'obsédé sexuel de l'étage. Les portes n'ayant pas de verrou, il fallait ruser pour se laver ou faire ses besoins. La crasse était partout. Les lits portaient des sangles à chaque extrémité afin d'attacher les récalcitrants. Les fenêtres n'ouvraient pas. Je partageais la chambre d'une délirante d'une trentaine d'années qui passait ses jours et une partie de ses nuits à me raconter comment elle avait déjeuné en tête à tête avec le président de la République ! Au bout du couloir, il y avait une énorme femme entièrement nue qui hurlait à la mort à toute heure du jour et de la nuit. Pour atteindre la « salle à manger », il fallait passer devant sa porte grande ouverte, ce qui avait un effet pour le moins néfaste sur notre appétit. Le seul à en avoir – de l'appétit – était un immense gaillard d'une trentaine d'années, blond comme on l'est dans le Nord, au ventre détendu par la bière, garni de deux interminables cicatrices verticales et parallèles. (Il manquait souvent des boutons aux vestes des pyjamas qui bâillaient en découvrant des morceaux d'anatomie.) Il s'était fait deux fois hara-kiri, m'expliqua-t-il fièrement par la suite, et la cicatrice qui lui traversait le cou d'une oreille à l'autre attestait du fait qu'il avait également essayé de se pendre. Chaque fois, on l'avait « sauvé ». C'était le plus ancien malade du service. Il avait sombré dans la dépression à la suite du suicide de sa jeune femme. Depuis, il survivait. N'ayant plus de chez-soi, il avait fini par s'habituer à l'endroit ; ce qui expliquait peut-être son appétit, unique en ces lieux. À force de lui refiler mes plats, nous étions devenus amis. Il m'avait fait promettre de ne pas sortir sans lui. Le jour de mon départ, il est descendu sur le parking de l'hôpital et s'est allongé devant une voiture. La mort n'a encore pas voulu de lui.

Tous les malades du couloir avalaient les mêmes pilules. On ne nous montrait pas les boîtes évidemment – au cas où nous aurions compris quelque chose au traitement et opiné, qui sait ? –, mais un jour j'ai comparé le nombre et la couleur des cachets : identiques.

Je n'avais – toujours – qu'une idée en tête : partir. C'était ambitieux de ma part car j'étais « incommunicable ». Ma mère, ma sœur (médecin à Clermont-Ferrand) et ma meilleure amie venaient chaque jour pour tenter une percée – sans succès. À croire que j'avais dévalisé une banque. Durant mon coma, ma mère s'était présentée plusieurs fois par jour pour tenter de me voir. On le lui avait toujours refusé. Je n'avais même pas droit au téléphone.

Le lendemain de mon arrivée, j'ai vu l'équipe soignante au travail. Les infirmières étaient dans leur bureau à taper le carton quand un des malades, un doux jeune homme de dix-huit ans, a convulsé. Il semblait souffrir beaucoup, c'était très impressionnant. J'ai appelé à l'aide. « *Quand on aura fini la partie* », m'ont-elles lancé, goguenardes. J'ai insisté plusieurs fois, sans autre résultat que celui de m'attirer des remarques ironiques, du genre : « *Occupe-toi de toi, tu auras déjà du boulot.* »

Je n'ai jamais toléré qu'on me manque de respect et là, je n'avais vraiment plus rien à perdre. À portée de main se trouvait un de ces récipients en verre épais dans lesquels on place les thermomètres pour les désinfecter. Je l'ai attrapé, l'ai brisé contre le mur et me suis tailladé l'avant-bras gauche avec le tesson pour les obliger à faire venir la psy de garde. Ça a marché. Elles l'ont appelée – mais elle n'est pas venue seule. Elle était accompagnée d'un appariteur, sorte de malabar – ancien malade, ai-je appris par la suite –, dont le travail était de mater les rebelles. Pendant que la psy s'occupait du jeune homme, il s'est occupé de moi. Je me débattais, alors il m'a ceinturée, m'a jetée sur mon lit, passé les poignets et les chevilles dans les sangles, a tiré – je ne pouvais plus bouger d'un millimètre. Les infirmières se sont fait un plaisir de me recoudre le bras sans ménagement et de m'injecter dans la fesse un de ces cocktails qui vous transforment en ectoplasme, tout en échangeant, avec leur collègue, les plaisanteries d'usage. J'ai fini par sombrer dans un sommeil de mort.

Mais j'avais enfreint les règles et bravé leur autorité toute-puissante. Elles allaient me le faire payer.

Philippe Bernardet, sociologue, spécialiste français des internements abusifs dont je vous parlerai plus loin, le dit clairement :

> *« Les internés – les psychiatrisés –, quels droits ont-ils ? Celui, à coup sûr, de se taire – sauf, éventuellement, dans le secret du cabinet du psychiatre. Encore faudrait-il qu'ils y aient accès ; car lorsque l'on est interné, les médecins – et plus particulièrement le médecin chef, évidemment – sont peut-être, aussi paradoxal que cela paraisse, les personnes les plus difficiles à joindre et à voir. Quand on est en dehors de l'hôpital, on obtient plus aisément un rendez-vous que quand on est dedans : il est vrai qu'en ce dernier cas on est, pour ainsi dire, précisément à sa charge ; autrement, on reste un client potentiel. Là est toute la différence. »*

J'ai appris plus tard que les hôpitaux de Paris portent un tel intérêt aux malades mentaux qu'ils ne financent qu'un seul médecin de garde à partir de quatorze heures dans les établissements psychiatriques, non pas pour un service mais pour tout l'hôpital ! Pas étonnant qu'il soit si difficile de le rencontrer. Ce sont – heureusement – les seuls hôpitaux où, si vous voulez voir le médecin, on vous conseille de lui écrire !

Le lendemain, ces émotions m'ayant tout de même chamboulée, je me suis débattue l'après-midi entier avec une de ces crises d'angoisse qui vous font regretter d'être né. Pour ne pas avoir à m'adresser aux infirmières, j'ai souffert en silence, mais le soir venu j'ai craqué. Je ne me voyais pas passer la nuit comme ça. J'ai redemandé à voir la psy de service. C'était pour les infirmières une occasion en or de m'envoyer promener, ce qu'elles ont fait avec plaisir et sans ménagement. J'étais à leur merci et elles me le faisaient bien sentir. Alors j'ai envoyé un violent coup de pied dans une sorte de vitrine décorative qui meublait leur salle. Elle a explosé en mille morceaux. Furieuses, elles ont appelé l'appariteur qui a fait irruption dans la pièce, le visage déformé de satisfaction. Je n'avais plus peur, j'étais au-delà. Je ne me suis jamais soumise à la violence physique. J'ai de l'entraînement.

Je n'ai même pas eu mal quand le gorille m'est tombé dessus et a arraché – comme par inadvertance – les fils de mon bras. Je savais ce qui m'attendait cette fois. C'est d'ailleurs exactement ce que j'ai obtenu : une piqûre dans les fesses. J'y ai au moins gagné une chose : mon angoisse a disparu.

Quand je me suis réveillée, j'étais définitivement convaincue que personne ne viendrait à mon secours. Si je ne me débrouillais pas toute seule, je passerais le reste de mes jours dans cet enfer. Je me suis donc mise à chercher frénétiquement dans les locaux tout ce qui pourrait me servir à me supprimer. Or, il y avait des rideaux aux fenêtres, avec des cordons.

De son côté, ma sœur, alertée par la mauvaise volonté de l'administration qui lui refusait toutes ses demandes de visite, avait décidé d'agir. Déjouant la vigilance des gardiens, elle a réussi à pénétrer dans le service. Toutes ses illusions sur l'institution médicale se sont évanouies d'un coup : les hautes grilles en fer devant l'ascenseur, qui nous séparaient du reste du monde, les sangles des lits, la saleté, les hurlements, la promiscuité... Elle n'en revenait pas. Et quand elle a vu dans quel état j'étais... Moi, c'est comme si j'avais vu le bon Dieu. Je l'ai suppliée de me faire sortir.

Elle a commencé par m'expliquer que c'était légalement impossible. « *Si demain je ne sors pas, je me pends* », l'ai-je avertie. J'ai dû être assez convaincante. Le lendemain, ma meilleure amie, Marie-Christine, a eu l'autorisation de me rendre visite. En fait, elle était mandatée pour négocier avec moi : je ne pourrais sortir qu'à condition d'accepter d'entrer dans un autre établissement, privé cette fois.

Pour moi, c'était pareil. Je ne connaissais pas encore la différence. Après ce que je venais de vivre, il n'était pas question de retourner dans un endroit qui aurait eu quoi que ce soit à voir avec un établissement psychiatrique. Il a fallu toute la ténacité et l'amitié de Marie-Christine pour me convaincre d'accepter.

Le soir du huitième jour, une ambulance nous a conduites, ma mère, ma sœur et moi, dans une clinique privée de la région parisienne. On m'avait injecté ce qu'il fallait pour que je me tienne tranquille.

Comment est-il possible que j'aie été enfermée contre mon gré, soumise à l'arbitraire, à la violence et à l'humiliation, dans un hôpital qui tenait de la prison, alors que je n'avais rien fait de répréhensible ? J'en suis restée sous le choc pendant des années. Chaque fois que je rencontrais quelqu'un qui, de par son travail, était susceptible de connaître la loi, je lui posais la même question : *« Si, en France, le suicide n'est pas un délit, quel argument juridique peut justifier une telle situation ? »* J'ai constaté que personne ne le savait.

Je me suis donc lancée dans l'étude de la législation concernant les droits des malades mentaux, et, plus précisément, leur internement. Mais ni la lecture du Code pénal ni celle du Code de la santé publique n'ont éclairé ma lanterne. J'ai beau être une béotienne en matière de droit, comme nul n'est censé ignorer la loi, je me disais naïvement que son approche se devait d'être accessible à tous. Eh bien, pas du tout.

J'en étais là de mes interrogations, quand, à l'occasion de l'enregistrement d'une émission de radio sur le thème de l'hospitalisation en psychiatrie, j'ai rencontré un ancien « interné », J.D., (psychotique paranoïaque, pathologie que je ne connaissais pas jusqu'alors). Petit brun nerveux d'une quarantaine d'années, plein d'une violence à fleur de peau, « moitié juif, moitié arabe » comme il aime à se définir, il semblait tout connaître sur l'histoire de la psychiatrie, servi par une intelligence vive, une grande facilité à exprimer ses idées et une terrible expérience personnelle (il a passé le plus clair de son temps en hôpital psychiatrique et vit seul de sa pension d'invalidité, comme il devra probablement le faire jusqu'à la fin de ses jours). Je lui ai confié mes difficultés et il m'a recommandé immédiatement de rencontrer Philippe Bernardet, sociologue au CNRS mais surtout fervent défenseur (et il y en a peu) du droit des internés psychiatriques, qu'il va même jusqu'à représenter devant les tribunaux français ou européens. « *Un grand bonhomme* », me précise J.D. Le lendemain, il me confie avec moult recommandations son exemplaire personnel du livre malheureusement épuisé de Bernardet : *Les Dossiers noirs de l'internement psychiatrique*. Enfin, la lumière se fait.

J'y apprends en effet, avec stupeur et consternation, que le régime de l'internement psychiatrique est toujours régi par une loi de 1838, votée sous Louis-Philippe, et légèrement modifiée par un décret de 1956 ! Elle prévoit deux types d'internement : le « placement volontaire » et le « placement d'office ». J'avais bien lu ce qui était relatif au placement d'office, et il était clair que, vu la complication des formalités (c'est le préfet qui doit l'ordonner), ça ne pouvait pas me concerner. Le placement volontaire non plus, puisque je n'avais cessé de protester contre ce que je considérais être une incarcération.

Pourtant si. Contre toute logique, le placement volontaire (prévu à l'article L. 333 du Code de la santé publique) consiste en l'internement d'une personne à la demande écrite et signée d'un tiers, accompagnée d'un certificat médical constatant l'état mental de la personne, décrivant les particularités de sa maladie et justifiant la nécessité de l'enfermer dans un établissement d'aliénés. La volonté dont il est question n'est donc pas celle du « malade » mais celle du « tiers », qui peut aussi bien être un parent ou un ami qu'un voisin, un policier voire l'infirmière du service où l'on va être hospitalisé ! En fait, comme le souligne Philippe Bernardet :

« Rien n'est plus contraignant qu'un placement dit "volontaire", si ce n'est le placement d'office lui-même. »

D'autant plus contraignant que le seul recours dont dispose celui qui vient de passer au statut de « malade mental » puisqu'il a été interné dans un hôpital psychiatrique (que ce soit en placement volontaire ou d'office) est de saisir la justice pour demander sa sortie en vertu de l'article L. 351 du Code de la santé publique. Or celle-ci ne peut intervenir qu'après l'enfermement, c'est-à-dire après que le malade a été placé sous traitement chimique ou physique selon les cas. Comment peut-on imaginer qu'un malade – qui par miracle aurait été au courant de la possibilité d'un tel recours –, amoindri par les effets secondaires des médicaments, parfois interdit de téléphone, de visites et de courrier, puisse se lancer dans une telle entreprise ?

La loi de 1838 permet l'instauration de ce type de contrainte, non seulement pour les aliénés, mais aussi pour toute personne présentant un jour des troubles ou un comportement jugé anormal ou pathologique, même si cet état n'est que transitoire. Ce qui inclut les déprimés, c'est-à-dire vous et moi.

En cas de HDT (hospitalisation à la demande d'un tiers), théoriquement, la loi autorise n'importe quel membre de la famille ou le tiers qui a demandé l'hospitalisation à requérir la sortie contre avis médical. Mais le système est pervers, et l'hôpital a le droit, s'il le souhaite, de décréter une hospitalisation d'office sous le prétexte que le malade peut être dangereux, pour lui ou pour les autres. Encore un cercle vicieux.

La situation qui s'est imposée aujourd'hui résulte d'une confusion dans l'interprétation de la loi de 1838. À l'époque, il n'existait pas de traitement pour les maladies mentales. Les aliénés étaient laissés à la garde de leur famille, lorsqu'ils en avaient une. Mais si le malade devenait dangereux, si la famille le souhaitait, la loi prévoyait la possibilité de l'enfermer dans un asile ; c'était alors le placement volontaire (sous-entendu à la demande de la famille). Le placement d'office était réservé à ceux qui étaient isolés. Mais il s'agissait bien dans les deux cas de malades dangereux, la différence de statut ne dépendait que de l'existence ou non d'une famille. D'ailleurs, un « certificat de quinzaine » devait signaler la fréquence des actes et accès de démence.

Mais, avec le temps, on a fini par mettre dans le même sac les malades mentaux non dangereux, comme les déprimés par exemple. On se retrouve donc devant la situation suivante : les dangereux en placement d'office, les non-dangereux en placement volontaire. Alors que ce devrait être : les non-dangereux en placement libre ; les dangereux avec famille en placement volontaire et les dangereux sans famille en placement d'office.

Aujourd'hui, les hôpitaux psychiatriques, qui sont des lieux de soins, ont remplacé les asiles d'aliénés du siècle dernier, qui n'étaient que des lieux d'internement. Pourtant, cela revient au même ; la camisole chimique tend à remplacer la camisole de force, mais le nouvel arrivant n'a pas plus que le fou furieux d'antan la possibilité de se défendre.

Il fallait à tout prix que je voie Philippe Bernardet. Nous avons pris rendez-vous un après-midi dans un café du Quartier latin. « *Je porterai une casquette à carreaux* », m'avait-il avertie.

Son visage un peu rond au teint coloré, agrémenté d'une moustache et surmonté de la fameuse casquette à carreaux assortie à la veste en tweed, lui donne un faux air à la Sherlock Holmes. Je l'imaginais plus âgé, il doit avoir dans les quarante-cinq ans. Il m'attend en buvant un café, l'air jovial. Sa voix est comme au téléphone, sonore, pleine de nuances et d'inflexions, si bien qu'on l'entend se marrer avant de voir son œil friser. Il fait partie de ces gens capables d'évoquer les pires horreurs sans sombrer dans le tragique mais sans trace de cynisme non plus. Il aime communiquer, ça se sent, et connaît son sujet sur le bout des doigts. C'est un plaisir de parler avec lui. De plus, il est de très bonne humeur aujourd'hui car il vient de soutenir son mémoire de droit et a obtenu la note de dix-huit sur vingt !

La première question qui me vient à l'esprit est : « *Pourquoi passez-vous votre temps à vous décarcasser pour les internés psychiatriques ?* » Je n'ai pas été déçue de la réponse ; comme souvent, ses raisons sont personnelles et édifiantes.

Il avait une vingtaine d'années quand un malheureux concours de circonstances, déboires amoureux, licenciement, hépatite et grande fatigue (il travaillait pour payer ses études), l'a fait basculer. « *Un soir, je me suis écroulé dans l'escalier du magasin de mes parents*, raconte-t-il, *haletant, délirant, débitant un discours que je ne pouvais interrompre. Ma conscience n'en était pas pour autant altérée. Je percevais et comprenais distinctement ce qui se passait autour de moi.* »

Ses parents, affolés, appellent un médecin qui diagnostique une dépression sévère, prescrit divers médicaments et trois mois d'arrêt de travail. « *Ce médecin me faisait l'impression d'un imbécile*, se souvient-il, *jamais je ne m'étais senti aussi bien de ma vie, en complète symbiose avec le monde.* »

Le lendemain, le délire avait cessé sous l'action probable des drogues « *mais aussi sous l'effet sédatif du délire lui-même, me libérant de ma souffrance. Toutefois, l'effet euphorique avait disparu et je me sentais incapable de penser, de sentir, tout était terne, morose et lourd* ».

Deux jours plus tard, il sort à grand-peine de chez lui, déterminé à s'extirper de l'état léthargique dans lequel il se trouve et entre dans un cinéma des Champs-Élysées qui projette *Orange mécanique*. Ce film produit un déclic – il recouvre parole et volonté en même temps que la douleur de son chagrin d'amour.

Décidé à effacer ce souvenir amoureux trop cuisant, il annonce à ses parents qu'il va suivre les conseils du médecin et entrer en cure de sommeil. Cette nouvelle est pour sa mère, à bout de nerfs, l'occasion d'une explosion : « *C'est ça, ça ne peut plus durer, je ne le supporte plus !* » se met-elle à hurler.

Cette réaction lui fait l'effet d'un électrochoc. Il se voit soudain, comme dans le film, manipulé et ramené au rang de simple objet. Il fait demi-tour et rentre chez lui. Deux jours plus tard, il reprend ses activités et, à la fin du mois, soutient sa maîtrise de philosophie.

« *Cet épisode m'a énormément marqué*, convient-il. *J'ai compris que l'on pouvait appeler maladie mentale ce qui n'est que l'expression d'une expérience douloureuse.* »

Quelque temps après, en se promenant dans la rue, il tombe par hasard sur des affiches du Groupe Information Asiles annonçant un meeting sur l'internement psychiatrique. Il s'y rend et apprend avec stupeur que, s'ils l'avaient souhaité, ses parents auraient pu le faire interner « à la demande d'un tiers ». Tandis qu'il marchait en titubant vers le cinéma des Champs-Élysées, sans se préoccuper des voitures ni de la couleur des feux, la police aurait pu ordonner son placement d'office, quel qu'ait été, par ailleurs, l'avis de ses parents, et tout cela en vertu de la simple application d'une loi votée par la Chambre des pairs sous le règne de Louis-Philippe !

Si, depuis, il défend les internés avec autant de passion, c'est précisément parce qu'il a conscience de n'être pas passé loin de la catastrophe. « *J'ai rapidement rejoint le Groupe Information Asiles pour m'informer et informer les autres dans un premier temps*, explique-t-il, *mais aussi parce qu'à l'époque il n'existait aucune structure susceptible de défendre les malades mentaux. Le GIA s'est lancé dans des procédures visant à faire sortir des malades mentaux de l'hôpital psychiatrique, davantage pour mobiliser la presse que pour gagner, car les militants pensaient tous que la justice était pourrie.* » Petit à petit, ils ont constaté qu'en menant des enquêtes de voisinage par exemple, ou en apportant des témoignages visant à contredire les accusations des préfets, ils obtenaient des résultats. Leur tactique consistait à attaquer sur des problèmes de formalités non respectées : l'arrêté n'était pas motivé, il manquait une notification, etc. Il s'agissait de montrer que ce n'est pas parce qu'une personne est aliénée qu'on peut faire n'importe quoi avec elle. Les magistrats, gênés, finissaient par choisir des experts un peu mous de manière que le juge en charge du dossier ne soit pas convaincu par leurs arguments et ordonne la sortie. « *Il n'y avait jamais eu une seule annulation d'une décision d'internement prise par un préfet, mais à partir de 1984, grâce à nous, il y en a eu des centaines.*

« *Je me suis spécialisé dans cette partie du droit administratif; on est devenus très forts dans notre domaine, meilleurs que les avocats* », lance-t-il, ravi.

En 1990, Bernardet saisit la Commission européenne des droits de l'homme et constate son efficacité. Le gros avantage est qu'une sanction au niveau européen peut entraîner beaucoup de conséquences, notamment provoquer des modifications de la législation. Mais il n'était toujours pas officiellement juriste à l'époque *(« ce qui m'a probablement permis d'aboutir car je n'avais pas d'œillères »)* et cela risquait de lui nuire devant la Cour européenne de justice. Il l'est donc devenu.

« *C'est un droit atrocement compliqué car il y a chevauchement de compétences entre l'administratif et le civil et, depuis deux siècles, chacun tire la couverture à lui. Pour forcer les magistrats à simplifier, je les ai submergés de boulot, je me suis dit : compliquons au maximum, il seront obligés de simplifier. Eh bien, ça a marché !* »

En effet, en juillet 1998, la Cour administrative de Paris a décidé en assemblée plénière que le Code de la santé publique ne pouvait plus être la base légale des décisions de placement d'office. Tout arrêté motivé par un certificat médical doit préciser la procédure que l'administration a l'intention de suivre pour informer la personne des motifs de la décision préfectorale, sinon, l'arrêté est nul. Or, depuis le début du siècle, le Conseil d'État accepte que les motifs figurent dans un certificat médical, un document protégé par le secret médical, donc inaccessible. Par conséquent, les magistrats ont décrété que les préfets devaient le communiquer à l'intéressé, pour que ce dernier puisse le transmettre à la justice s'il le souhaite. « *C'est hallucinant ! C'est le patient qui doit décider alors qu'il est accusé d'être dingue ! Et encore faut-il que les médecins soient d'accord pour coopérer avec les patients !* » jubile Bernardet.

Sans entrer dans les détails techniques, cette décision de justice rend irréguliers tous les arrêtés préfectoraux depuis 1974. Les textes internationaux ne faisant pas la différence entre placement volontaire et placement d'office, cela vaut également pour les placements volontaires.

« *L'ambiguïté de la loi permet tous les excès*, explique Philippe Bernardet. *En France, par exemple, le suicide n'est pas un délit, ce qui ne veut pas dire qu'il soit autorisé, car l'administration a obligation d'assistance à personne en danger ; donc, pour se couvrir, elle interne.* »

Et il me cite le cas de Mme Ledrut, une dame de soixante-quinze ans qu'il a défendue devant les tribunaux. Dépouillée de toute sa fortune par des hommes d'affaires malhonnêtes, à la mort de son époux, elle va être mise à la porte de chez elle. Le commissaire de police de son arrondissement a un intérêt personnel à se débarrasser d'elle (il veut s'approprier ses meubles de grande valeur). Il interprète donc une phrase anodine que Mme Ledrut prononce lors d'une convocation au commissariat *(« si j'avais su que c'était pour ça que vous m'aviez convoquée, la fin de l'histoire aurait été tout autre »)* comme une menace de suicide (elle préfère mourir plutôt que de se retrouver à la rue), et la fait interner d'office.

La France est, en effet, le seul pays d'Europe où l'internement psychiatrique relève d'une décision purement administrative. Autant dire que n'importe qui, même quelqu'un qui ne vous a jamais vu, peut décider de vous faire interner. Ailleurs, c'est la justice qui décide.

Philippe Bernardet se demande aujourd'hui quelle aurait été sa vie si, par malheur, il avait mis le doigt dans l'engrenage de la psychiatrisation. Car outre la difficulté d'évaluation des pathologies mentales – le délire est aussi un des symptômes de la psychose –, le secret attaché au dossier médical des patients permet tous les abus.

Monique Laidin en est une illustration caricaturale, certes, mais qui fait réfléchir. À la suite d'un concours de circonstances encore plus insignifiant que celui de Bernardet, mais surtout à cause de la mauvaise volonté de son entourage, cette Mme Tout-le-Monde a vu sa vie basculer dans l'horreur: pendant vingt-deux ans, elle s'est battue sans parvenir à éviter une demi-douzaine d'internements (au cours desquels elle aura perdu son fils, son travail et toute possibilité d'en retrouver un autre) et des traitements forcés aux neuroleptiques – notamment – qui lui ont laissé de graves séquelles (urinaires, digestives et dermatologiques), avant de faire reconnaître... qu'elle ne souffrait de rien du tout.

Elle a pourtant utilisé tous les recours à sa disposition. Mais alors que, depuis 1978, toute personne peut se faire remettre copie des dossiers qui la concernent (à charge pour elle d'en faire la demande, de payer les copies et de désigner le médecin qu'elle aura choisi pour recevoir les pièces à caractère médical), Monique Laidin a dû adresser une quarantaine de lettres recommandées à l'administration, saisir douze fois la commission d'accès aux documents administratifs et introduire une procédure devant le tribunal administratif de Paris, pour accéder aux pièces médicales et administratives de son dossier médical!

Son histoire est d'une banalité remarquable. Jugez-en vous-même. Elle a vingt-six ans à la naissance de son fils unique. Mariée depuis deux ans, elle occupe différents emplois avant de se fixer chez Ferodo-Valeo comme employée de bureau. Trois ans après, une mauvaise grippe, la fatigue (elle s'occupe de son fils, de la maison, travaille quarante-huit heures par semaine plus les heures supplémentaires et suit des cours de perfectionnement par correspondance à la demande de son employeur), l'amènent à consulter un médecin.

Elle souffre d'un dérèglement gynécologique et d'une immense fatigue. On lui prescrit un mois d'arrêt maladie et divers traitements auxquels elle réagit très mal. Elle perd le sommeil, ce qui accentue encore sa fatigue au point qu'elle ne peut plus s'occuper de son fils âgé de huit ans. Son mari le confie alors à sa mère, qui vit dans l'appartement mitoyen, et devient si agressif envers sa femme qu'elle doit porter plainte au commissariat. Elle est hospitalisée à Bichat, où on lui prescrit deux mois de convalescence à la campagne. Elle pense les passer chez sa mère en Vendée, avec son fils, mais son mari s'y oppose. Pour ne pas être séparée de l'enfant, elle reste donc, mais décide de demander le divorce. Quand son mari l'apprend, il l'envoie consulter un médecin qui la fait interner sur-le-champ à l'hôpital psychiatrique de Maison-Blanche en placement dit « volontaire », c'est-à-dire contre sa volonté.

Le premier diagnostic révèle des « *troubles du comportement évocateurs d'une psychose : a abandonné son travail, néglige son intérieur, déambulations diurnes et nocturnes, anorexie, crises de larmes et colère, réticence, répète inlassablement qu'elle désire partir se reposer avec son petit garçon* ». De psychose, ici, aucun signe, si ce n'est le tableau dressé par son mari d'une femme épuisée et dépressive à force d'incompréhension et de violence conjugale. Les diagnostics suivants évoqueront des « *idées délirantes de persécution* », car elle s'est plainte de son mari au commissariat et de « *relation mère-fils pathologique* », parce qu'elle veut à tout prix récupérer son enfant. Les seuls troubles que les médecins constateront par eux-mêmes à l'hôpital sont un « *apragmatisme* » et « *des sourires immotivés* », ce qui, comme le fait remarquer Philippe Bernardet est « *bien peu pour quelqu'un qu'on vient d'enfermer contre son gré* ». Le certificat de quinzaine conclura qu'il faut la maintenir internée.

On est très loin de « l'état d'aliénation » requis par la loi. Comme le dit Bernardet, « *cet état de fatigue qui vous conduit à ne plus pouvoir rien faire – cet "apragmatisme" comme disent les psychiatres – et ces sourires gênés que vous leur adressez parce que vous vous rendez bien compte que vous n'êtes pas compris et ne savez quoi faire suffisent à justifier votre maintien en internement* ».

Monique Laidin restera six mois à Maison-Blanche, sous neuroleptiques à haute dose mais sans rien pour l'aider à dormir: «*Je suis restée un mois sans fermer l'œil de la nuit. Je restais dans mon coin, figée. Je tirais la langue.*»

À sa sortie, elle est si affectée par les neuroleptiques que ses employeurs doivent la changer de poste. Elle a, en outre, considérablement grossi. Petit à petit, toute sa famille rompt avec elle, son mari est de plus en plus violent, ce qui l'amène à porter plainte pour coups et blessures et à redemander le divorce. La justice l'autorise à quitter le domicile conjugal. Elle se retrouve sans logement; son mari en profite pour réclamer «provisoirement» la garde de l'enfant; mais, suite à ses manœuvres, le provisoire se transforme en définitif et Monique Laidin ne reverra plus jamais son fils. Déprimée par cette situation, droguée aux somnifères et aux neuroleptiques, on comprend qu'elle ait parfois du mal à travailler. À partir de ce moment, ses supérieurs vont tout faire pour la mettre en arrêt maladie, histoire de s'en débarrasser. La lutte va durer des années entre elle et l'assistante sociale de Ferodo, qui réussira à la faire interner plusieurs fois (sans qu'elle présente d'autres symptômes que ceux dus aux effets secondaires des médicaments) et aura finalement raison d'elle. Pendant toutes ces années, Monique Laidin a envoyé de nombreuses lettres pour demander de l'aide, notamment au procureur de la République, elle a refusé les traitements, obligeant les infirmiers à lui faire les piqûres de force, réclamé une expertise psychiatrique et même entrepris une grève de la faim. Sans succès. L'assistante sociale de son entreprise «*préférant que Mme Laidin soit mise en invalidité, soit maintenant, soit après deux ans de longue maladie, plutôt que licenciée*» (comme le consignera son médecin), elle sera déclarée invalide à 80 %. Il est vrai qu'un licenciement aurait impliqué une indemnisation de la part de l'employeur.

Le prix d'une vie gâchée semble bien élevé à Philippe Bernardet, qui calcule que Monique Laidin aura coûté près d'un million de francs à la Sécurité sociale : six cent mille francs environ d'hospitalisation psychiatrique, cent cinquante mille francs de maison de repos, plus les honoraires des visites médicales, l'hôpital de jour, quatorze ans de traitement et près de quatre ans d'indemnités journalières !

Chaque fois que, au cours de mon enquête, j'ai abordé avec un psychiatre le sujet de l'hospitalisation, nous nous sommes accrochés. Henri Lôo, chef de service à Sainte-Anne, un homme doux et charmant, qui parle de ses malades comme s'ils lui étaient tous très proches, reconnaît que « *dans le temps c'était terrible et il fallait le dénoncer* ». Pour ajouter aussitôt : « *Mais, aujourd'hui, ça a beaucoup changé.* »

Une affirmation qui ne concorde guère avec le récit de Laurent Wetzel, maire de Sartrouville quand il a été interné à Sainte-Anne contre son gré et en toute illégalité il n'y a pas si longtemps (et dont je raconte l'histoire en détail dans l'annexe). N'étant ni malade, ni abruti de médicaments durant son séjour, son témoignage n'en est que plus crédible.

> « *Fin juin 1995, il faisait très chaud à Paris. Le couloir et les chambres étaient mal aérés. Les vitres coulissantes ne laissaient passer l'air que sur quelques centimètres : il fallait éviter les suicides. La puanteur était extrême, y compris dans les salles de douche. Les médecins, infirmiers et infirmières passaient le plus clair de leur temps dans une espèce de cage de verre donnant sur la porte du service. Je les voyais boire du café, manger des en-cas, rire à gorge déployée. Quand un malade demandait timidement à voir un médecin, on lui répondait sans aménité : "Dans cinq minutes." Cinq minutes, trente minutes, une heure passait et personne ne s'occupait de lui. Le malade frappait à nouveau à la porte de la cage de verre. "Dans cinq minutes", lui criait-on. Il renonçait. On voyait peu le Dr B.*

Son interne, le Dr C., était là plus souvent mais il marchait comme en courant. Quand un patient essayait de lui parler, il était "pressé", ce n'était "pas le moment". En fait, ce n'était jamais le moment. Les infirmiers et infirmières avaient trois rôles : surveiller, moucharder auprès des médecins et distribuer les médicaments. La distribution des psychotropes avait lieu trois fois par jour, avant les repas. Les malades attendaient sagement leur tour, les uns derrière les autres, avant d'avaler sans discuter les pilules et les gouttes de neuroleptiques placées dans des coupelles. On voulut à plusieurs reprises me faire avaler des produits qui ne m'étaient pas destinés. La nourriture était rationnée et insipide. On me plaça souvent en face d'un malade sans âge, muet, grimaçant et agité d'immenses tics – peut-être dus à des cures excessives de neuroleptiques ; il envoyait sur moi une partie de ce qu'il avait commencé d'ingurgiter.
Quatorze heures par jour à ne rien faire ou presque et à me demander quand je sortirais. Durant une semaine, toute visite et tout entretien téléphonique me furent interdits. Je devais éviter tout écart de langage ou de conduite qui aurait permis aux médecins de justifier a posteriori *cet internement injustifiable et de me mettre en hospitalisation d'office.* »

Le professeur Édouard Zarifian – qui se souvient avec horreur d'avoir visité, alors qu'il était jeune psychiatre, une salle commune installée comme une étable, avec une tranchée au milieu pour l'écoulement de l'urine, et des malades couchés de chaque côté sur des paillasses, à même le sol – m'a recommandé de visiter le pavillon Jérôme-Bosch, situé dans l'enceinte de l'hôpital psychiatrique d'Armentières, à Lille, conçu, réaménagé et dirigé par le Dr Roelandt. « *Vous verrez, c'est autre chose* », m'affirme-t-il.

J'attendais donc des merveilles de l'EPSM (établissement public de santé mentale) Lille-Métropole, dirigé par M. Roelandt.

Bien qu'inclus dans l'hôpital d'Armentières, de sinistre réputation, ce bâtiment est bien différent des autres. Moderne, clair, propre, les patients y disposent des meilleures thérapies (balnéothérapie, esthétique, ergothérapie, gymnastique, etc.), comme dans les cliniques privées les plus modernes. Mais pourquoi les portes sont-elles toutes fermées à clef, même celle qui mène à l'escalier ? Le surveillant m'avait pourtant annoncé un service « ouvert ». Face à mon étonnement devant toutes ces chambres vides et verrouillées de l'extérieur, au beau milieu de l'après-midi, il m'explique que les malades suivent tous des thérapies. C'est donc « pour éviter les vols ».

Il est certain que lorsque l'on voit les photos accrochées au mur, représentant le même bâtiment avant les travaux de rénovation, on a froid dans le dos. Des salles communes crasseuses, des lits en fer les uns à côté des autres, de rares éviers dégoûtants, des peintures écaillées, des grilles… Aujourd'hui, le rez-de-chaussée, où se trouvent la cantine et l'entrée, est spacieux et clair, équipé d'une cabine téléphonique et d'un distributeur de boissons, les salles de thérapie sont impeccables. Mais pourquoi n'avoir pas installé des chambres individuelles alors qu'il y avait la place ? Pourquoi les patients qui le souhaitent ne peuvent-ils pas déjeuner avec leurs parents ou amis, comme on me l'avait annoncé ? Et surtout, pourquoi mélanger les pathologies alors qu'il était matériellement possible de les séparer puisque toute l'architecture intérieure du bâtiment a été recomposée ?

« *Pour ne pas créer de ghettos* », me réplique le surveillant.

La plupart des psychiatres que j'ai rencontrés se cramponnent à cet argument : « Éviter les ghettos. » Pourquoi alors ne pas accuser les hôpitaux généralistes, qui rassemblent les malades du foie dans un service, les accouchées dans un autre, les polytraumatisés dans un troisième, de créer des ghettos ? Je le faisais remarquer à une psychiatre qui n'en démordait pourtant pas, lorsque, agacée, j'ai fini par lui demander si elle internerait sa fille dans un hôpital psychiatrique au cas où celle-ci ferait une dépression grave. La réponse a fusé, du fond du cœur : « *Non !* » Tout est dit.

Mais je dois reconnaître que ce que j'ai vu à l'extérieur de l'hôpital m'a redonné espoir. L'assistante du Dr Roelandt m'a fait faire la tournée des infrastructures psychiatriques dans différentes parties de la ville et des environs. J'ai ainsi visité la « maison Antonin-Artaud », un lieu d'accueil de jour destiné à éviter les hospitalisations, où les malades peuvent participer à des activités thérapeutiques (sport, musique, esthétique, orientation et mémoire, actualité info, Gestalt, etc.). C'est une sacrément bonne alternative, d'autant meilleure que les infirmières qui y sont rattachées se déplacent à domicile en cas de nécessité et apprécient la nouvelle relation qu'elles entretiennent avec les patients. Celles que j'ai rencontrées travaillaient à l'hôpital psychiatrique auparavant et elles font la différence : « *Avant, c'était au malade de s'adapter aux soignants, maintenant c'est le contraire. On est à leur disposition, c'est beaucoup plus intéressant même si c'est plus fatigant.* »

Force est de constater que les positions respectives des psychiatres et des usagers des hôpitaux psychiatriques sont irréconciliables. D'un côté, même ceux que l'on m'avait présentés comme résolument modernes, ouverts et humains, à l'instar du Dr Roelandt à Lille, continuent de justifier et d'appliquer le mélange des pathologies, les chambres à plusieurs et les services supposés ouverts, fermés en réalité. D'un autre côté, cent pour cent des déprimés qui ont fait l'expérience de l'hôpital psychiatrique sont farouchement opposés au système pour en avoir trop souffert. Je déplorais cette situation devant Philippe Bernardet, à la fin de l'interview qu'il venait de m'accorder, quand il me conseilla d'aller parler à Gérard Massé, à Sainte-Anne. « *Il a de bonnes idées, vous verrez, mais ne vous recommandez pas de moi* », précisa-t-il avec un sourire malicieux.

Après de multiples appels téléphoniques, la veille de Noël, j'obtiens enfin un rendez-vous dans le service du Dr Massé. J'avais déjà noté sa gouaille et son style direct au téléphone – un peu surprenant dans cette profession. Le personnage est fidèle à l'image que je m'en étais faite : veste de cuir, col ouvert, pas de cravate – le moins qu'on puisse dire, c'est qu'il ne veut pas avoir l'air d'un mandarin.

Dans son service, la Charte du patient est affichée à chaque étage, en évidence à côté de l'ascenseur. Bien qu'obligatoire en principe, la présentation de ce livret au malade reste exceptionnelle. Ce n'est qu'après l'avoir aperçue à la réception, au milieu d'un tas de papiers, que Laurent Wetzel, dont j'ai parlé plus haut, découvrira à quel point la loi avait été violée à son encontre. Pour ma part, je n'en ai jamais vu un seul exemplaire dans les établissements où je suis passée. À toutes fins utiles, je me permets donc de la citer ici dans son intégralité :

PRINCIPES GÉNÉRAUX

1. Le service public hospitalier est accessible à tous, en particulier aux personnes les plus démunies. Il est adapté aux personnes handicapées.
2. Les établissements de santé garantissent la qualité des traitements, des soins et de l'accueil. Ils sont attentifs au soulagement de la douleur.
3. L'information donnée au patient doit être accessible et loyale. Le patient participe aux choix thérapeutiques qui le concernent.
4. Un acte médical ne peut être pratiqué qu'avec le consentement libre et éclairé du patient.

5. Un consentement spécifique est prévu, notamment pour les patients participant à une recherche biomédicale, pour le don et l'utilisation des éléments et produits du corps humain et pour les actes de dépistage.
6. Le patient hospitalisé peut, à tout moment, quitter l'établissement sauf exceptions prévues par la loi, après avoir été informé des risques éventuels qu'il encourt.
7. La personne hospitalisée est traitée avec égards. Ses croyances sont respectées, son intimité doit être préservée ainsi que sa tranquillité.
8. Le respect de la vie privée est garanti à tout patient hospitalisé ainsi que la confidentialité des informations personnelles, médicales et sociales qui le concernent.
9. Le patient a accès aux informations contenues dans son dossier, notamment d'ordre médical, par l'intermédiaire d'un praticien qu'il choisit librement.
10. Le patient hospitalisé exprime ses observations sur les soins et l'accueil et dispose du droit de demander réparation des préjudices qu'il estimerait avoir subis.

On croit rêver, non ? Et, en plus, Gérard Massé assume et ne mâche pas ses mots : « *J'estime que le malade psychiatrique est un usager comme les autres, un client qui a droit à une certaine prestation. L'hôpital psychiatrique, ou même le privé, est au service de la population puisqu'il est remboursé par la Sécurité sociale et que la sécu, c'est nous. Or la qualité hôtelière de l'hospitalisation française est catastrophique, particulièrement en psychiatrie. Il existe des lieux ignobles, il faut le dire. Il est inadmissible, dans un pays démocratique et riche comme le nôtre, en 1998, d'avoir un parc hospitalier totalement inadapté à l'hospitalisation de l'être humain.* »

Pour lui, le niveau hôtelier de la psychiatrie devrait être le même que celui de la chirurgie ou de l'obstétrique, c'est-à-dire : chambre individuelle, sanitaires, téléphone et télévision dans la chambre. Et pour le reste ? Ouverture réelle des unités, séparation des pathologies et évaluation du fonctionnement des hôpitaux.

Pourquoi beaucoup de psy considèrent-ils que le mélange des pathologies est préférable ? Parce qu'ils ont connu l'ancien système. Lorsqu'en 1838 on a construit les premiers hôpitaux psychiatriques, Sainte-Anne par exemple (le parangon de l'asile du XIXe siècle, comme il dit), c'était un progrès, une reconnaissance de la maladie et de la souffrance. À l'assemblée, un député s'est levé et a lancé : « *Je propose de leur donner le doux nom d'asiles.* »

Les nécessiteux y allaient pour mourir. La structure était pavillonnaire : une rangée de pavillons à gauche pour les hommes, à droite pour les femmes, répartis par pathologies telles qu'on les identifiait à l'époque : des très agités aux grabataires. Et Gérard Massé d'ajouter : « *Lorsque le pavillon des agités se mettait à hurler, on les entendait à trois kilomètres à la ronde. À l'époque, on ne disposait pas de médicaments pour les calmer. Évidemment, ceux qui ont connu ça considèrent le mélange des pathologies comme une amélioration. Quant aux autres, ils s'occupent surtout de psychotiques. Pour eux, les déprimés sont marginaux.*

« *Mais ce qui est le plus intolérable*, précise-t-il, *c'est de mettre ensemble des gens qui sont là pendant des années avec d'autres qui n'y resteront qu'une semaine ou deux.* »

Tout est lié. Si, en France, la plupart des services de psychiatrie sont fermés, « *même ceux qui se disent ouverts* », reconnaît Gérard Massé, c'est qu'il suffit qu'un seul patient dans le service pose problème et risque de s'enfuir pour que le personnel ferme les portes.

Aujourd'hui, les soins psychiatriques sont devenus complexes : on ne traite plus une jeune anorexique comme un délirant. Lorsqu'on a sectorisé le parc hospitalier dans les années 1960, c'était pour faciliter l'accès généralisé aux soins. L'inconvénient, c'est qu'un secteur recouvre entre soixante-dix mille et cent mille habitants, et il n'y a donc pas forcément le nombre suffisant de malades d'une même pathologie pour remplir une unité. Selon Gérard Massé, il faudrait créer des unités intersectorielles, afin que, par exemple, les deux anorexiques du secteur A puissent se faire soigner dans l'unité de soins spécialisés du secteur B, au lieu d'être mélangés avec les autres malades mentaux du secteur A.

Il m'apprend que cela se pratique dans un seul endroit en France, à Montpellier, à l'hôpital psychiatrique de la Colombière, où trois unités spécifiques intersectorielles ont été créées, dont une pour déprimés.

Pourquoi ne pas le généraliser, me direz-vous ? « *Problème de chefferie de service* », explique Gérard Massé. Cela suppose la mise en commun d'une partie des budgets et la perte de certaines responsabilités pour chaque chef de service. Or, qui dit responsabilité dit pouvoir…

« *Il faut que les usagers fassent pression* », insiste-t-il, tout en reconnaissant que les « *malades mentaux* » sont particulièrement mal placés pour faire entendre leur voix. Depuis une circulaire de 1996, deux représentants des usagers participent obligatoirement aux conseils d'administration des hôpitaux, ce qui constitue un premier pas. Ils sont nommés par le préfet sur proposition des associations de consommateurs existantes, raison de plus pour développer ces dernières. Il s'en est créé une vingtaine. « *Mais surtout, il s'agit de changer l'image de la psychiatrie, qui est déplorable en France*, estime Gérard Massé. *Si vous fermez une maternité qui ne fait que deux cents accouchements par an, c'est-à-dire un tous les trois jours, et qui est donc dangereuse, la population descend dans la rue avec des banderoles en disant que c'est honteux. Mais si vous essayez d'ouvrir un centre de consultation psychiatrique en ville, tout le monde proteste. La psychiatrie n'est pas vécue comme une nécessité, c'est ça le problème. Certains pays font de gros efforts de communication pour changer l'image de la psychiatrie. On a du chemin à faire en France.* »

Suivant les conseils de Gérard Massé – et sceptique par principe –, je suis donc allée à Montpellier visiter cette fameuse unité intersectorielle réservée aux déprimés.

— À la Colombière, lancé-je au chauffeur de taxi de l'aéroport, un bonhomme un peu chauve à la voix traînante.

— Vous n'êtes pas dangereuse au moins ? me répond-il l'œil malin.

Ça commence bien. Comme il me demande si j'y vais pour me faire soigner, je lui explique que j'écris un livre sur la dépression.

— J'ai fait une dépression, me confie-t-il, avec hésitation.

C'est vrai qu'il a le regard triste dans le rétroviseur.

— Vous avez été soigné à la Colombière ? demandé-je.

— Surtout pas, malheureuse ! pour me retrouver avec les fous ?

Au moins les choses sont claires. Je lui apprends qu'il y existe une section réservée aux déprimés. J'ai à peine le temps de finir ma phrase qu'il me coupe :

— Mais les déprimés ne doivent pas aller à l'hôpital psychiatrique, madame ! Comment voulez-vous que les gens les considèrent après ?

Évidemment, vu sous cet angle !

Le responsable de l'unité de traitement des troubles anxieux et dépressifs, le Dr Jean-Claude Pénochet, m'attend dans son bureau de la polyclinique de psychiatrie toute neuve (elle a deux ans et demi), claire et moderne, en contraste flagrant avec les autres bâtiments de la Colombière, qui ont une ressemblance certaine avec les pavillons d'époque de la Salpêtrière et de Sainte-Anne. Quinqua avantageux, le verbe facile, le discours rodé, passablement agressif envers « les journalistes », Jean-Claude Pénochet pourrait facilement passer pour ce qu'il n'est pas : un technocrate de plus. Deux heures de prise de notes – et d'empoignades – plus tard, la langue de bois oubliée, nous parlons enfin de la même chose.

Entre-temps j'ai appris que la polyclinique comporte trois unités intersectorielles spécialisées : une pour les jeunes adultes psychotiques, une autre pour les adolescents en difficulté et la troisième pour les déprimés. J'apprends également que le choix de Montpellier n'est pas un hasard. En effet, la ville compte énormément de cliniques privées ; la moitié des neuf cents lits de psychiatrie de la région appartiennent au privé et le niveau hôtelier y est bien meilleur que dans le public. Cette situation a institué une psychiatrie à deux vitesses : dans le privé, les pathologies légères (femmes déprimées de trente-cinq ans d'un milieu aisé) ; dans le public, les pathologies lourdes demandant des soins prolongés (hommes plus âgés, psychotiques et pensionnés). « *La forte présence du privé permet la comparaison et de faire entendre nos réclamations visant à changer l'accueil dans le public* », précise-t-il.

Le moins qu'on puisse dire est que je venais bien disposée envers Pénochet et son projet ; plus même, il représentait ma dernière chance de me réconcilier un peu avec l'hospitalisation psychiatrique. Je le lui avais dit au téléphone, ce qui ne l'a pas empêché de me traiter *a priori* en ennemie : « *Vous, les journalistes, en disant, par exemple, que le psy est aussi fou que ses malades, vous faites le jeu de ceux qui jettent l'opprobre sur la maladie mentale et pensent qu'il est inutile d'investir dans les soins psychiatriques. Pas étonnant ensuite que nous ayons du mal à obtenir des budgets. Vous nous empêchez de travailler !* »

Je n'y comprenais rien. J'ai tenté de lui faire remarquer que j'étais en tout point d'accord avec ce qu'il préconisait et appliquait dans son projet tandis qu'il s'évertuait à me montrer qu'en fin de compte « *ce n'était pas si facile et probablement pas reproductible partout* », exemples à la clef : « *En ce moment, j'ai un patient psychotique léger qui décompense et doit être hospitalisé. Je le connais bien et sais qu'il ne supportera pas d'être hospitalisé dans le service général parce que c'est trop inconfortable et qu'il souffrira de la promiscuité. Alors, j'ai pris l'initiative de l'admettre dans cette unité réservée aux déprimés parce que, grâce aux neuroleptiques, son comportement est compatible. Ce qui prouve que ce qui compte ce n'est pas la pathologie, c'est le niveau de comportement. Mais comment faire si j'en avais vingt pour cent, comment l'expliquer à mon équipe soignante et à l'administration ? C'est contraire à notre projet. Si j'ai un maniaco-dépressif en phase dépressive, je peux l'admettre ici, mais si brusquement il fait un virage maniaque, je dois l'envoyer dans un autre service où je ne pourrai plus le suivre. Et imaginez un service spécialisé dans les états d'excitation, vous retrouverez vite toute l'horreur des asiles !»*

Évidemment.

Le pavillon des déprimés ressemble à un hôtel deux-étoiles moderne. Les trois quarts des chambres sont individuelles, spacieuses, avec douche, télévision (en location) et ligne de téléphone privée. Les autres sont doubles. Les locaux, spacieux, propres et adaptés respirent la gaieté.

Il est treize heures et les patients prennent leur café au milieu d'un nuage de fumée de cigarettes (comme dans tous les hôpitaux psychiatriques), assis sur des divans disposés en rectangle, devant une grande baie vitrée donnant sur un jardin. Aucun bruit ne vient troubler leur discussion. Je reste en arrêt devant tant de calme et de sérénité. La souffrance se lit sur les visages mais chacun semble appartenir à ce lieu, en parfaite conformité. Leurs voix se perdent dans tout cet espace, assourdies par les médicaments. On dirait qu'ils complotent.

J'avais demandé à l'avance l'autorisation de parler aux malades. On me laisse seule avec eux. Je leur demande aussitôt de me dire ce qu'ils ont à reprocher à cet endroit. Deux femmes commencent par se plaindre d'être obligées de partir. Elles me prennent à témoin de l'injustice qui leur est faite. J'hallucine. Les autres renchérissent sur le même thème. En fait, ils protestent contre le fait de ne pas pouvoir vivre là. Pourquoi n'y a-t-il pas plus d'activités, demandent-ils ? J'ai visité les salles d'ergothérapie, de balnéothérapie, de massage, de gymnastique, etc. Elles sont superbes mais le personnel qualifié fait défaut. On ne peut s'empêcher de penser que, si les journées étaient tout à fait remplies, personne ne voudrait plus jamais partir.

Pour pallier le manque de psychiatres et de psychologues dans son unité, Jean-Claude Pénochet se bat pour y instaurer un système « d'infirmiers référents » formés à la psychothérapie. Pour ses vingt-deux malades hospitalisés et ses consultations externes – à part lui, qui est souvent occupé ailleurs –, il ne dispose que de deux psychologues à mi-temps, deux psychiatres à mi-temps et six vacations par semaine de trois heures chacune effectuées par des psychiatres extérieurs ; ce qui est beaucoup par rapport à d'autres services, mais peu pour ce qu'il veut réaliser. *« À raison d'une demi-heure d'entretien par personne et des nombreuses réunions indispensables, faites le compte »*, me fait-il judicieusement remarquer. Le problème est que « l'infirmier référent » doit assister aux entretiens pour être au courant de l'état du malade et pouvoir le « suivre ». Or il est impossible de faire une psychothérapie à trois, d'autant que certains patients sont intimidés de devoir parler devant deux personnes à la fois.

Je ne peux pas m'empêcher de l'interpeller :

— Vous ne croyez que très modérément à l'efficacité des antidépresseurs que vous leur prescrivez (il me l'avait confié un peu plus tôt) et vous ne leur faites pas de véritable psychothérapie ; alors comment les soignez-vous ?

— On ne guérit pas une dépression névrotique en quelques jours d'hospitalisation. Les patients entrent ici parce qu'ils sont en crise, souvent suicidaire. J'essaie d'atténuer leur souffrance par les médicaments, les techniques corporelles, comportementales et surtout par une prise en charge relationnelle fondée sur l'écoute. Nous leur donnons la possibilité de faire un break, d'opérer une rupture leur permettant de faire le point sur les raisons de leur crise. Mais pour ça, j'aurais besoin de plus de personnel compétent. En psychiatrie, le problème, c'est la bonne gestion de l'équipe, ce ne sont pas les malades. Le moral des troupes est essentiel.

Une jeune femme toute menue, en jeans et pull marin, arrive en souriant. Elle est sortie il y a peu et revient rendre visite « aux copains » à l'occasion d'une consultation avec son psy. On se croirait dans une colonie de vacances. Je demande à l'interviewer en privé.

Béatrice a vingt-huit ans. Elle est venue ici pour la première fois fin 1996, après une tentative de suicide aux médicaments. Depuis, elle y a fait quatre séjours, sept mois et dix jours d'hospitalisation en tout. « *J'ai toujours été plus ou moins déprimée mais je ne le savais pas,* raconte-t-elle. *En 1996, alors que j'étais traitée depuis un an aux mêmes antidépresseurs et à coups de séances de psychothérapie avec une femme qui me gardait un quart d'heure maximum et que je n'aimais pas (une fois j'ai dû payer deux cent vingt-cinq francs pour une simple ordonnance !), j'ai fait une bêtise.* »

Transportée dans la partie ancienne de la Colombière, elle y sera mise d'office en cure de sommeil pour dix jours. « *J'étais comme un zombie tellement ils m'avaient droguée, d'ailleurs je ne me souviens de rien. Mon médecin traitant était scandalisé. J'ai eu de la chance d'être envoyée ici,* reconnaît-elle. *Si j'avais été dans un service traditionnel, avec des fous, je suis sûre que j'aurais fait une autre connerie.* »

Ici, elle reçoit une chimiothérapie comme tout le monde mais elle dit se rendre compte que le but n'est pas de « shooter » les gens. D'ailleurs, à son avis, ce ne sont pas les médicaments qui l'ont aidée – bien qu'elle en soit psychologiquement dépendante – mais plutôt la possibilité de pouvoir parler avec quelqu'un. Parler au psy et parler aux autres, « *on a tous la même douleur, ça fait du bien de la partager* ». Elle dit ne pas être tout à fait guérie car elle souffre encore, ne dort pas bien et a du mal à manger, mais elle se sent capable de se maintenir à l'extérieur. D'autant qu'elle vient d'obtenir le stage de formation qu'elle visait et a rencontré un garçon…

Tu tiens le bon bout Béatrice, quand on est déprimé, on ne tombe pas amoureux !

Revenons à mon histoire. J'ai donc été transférée de X... à la clinique du château de Villebouzin, près de Monthléry. J'avais tort de m'inquiéter. Les cinq semaines que j'y ai passé ont été comme un baume sur ma dépression. Même si je n'en suis pas sortie guérie, j'ai eu le sentiment d'y être soignée et surtout traitée avec le respect dû à une personne qui souffre. Il y avait longtemps que cela ne m'était pas arrivé.

Je n'aurais jamais pu m'offrir la chambre individuelle avec salle de bains sans l'aide financière de ma mère. L'inconvénient de ces établissements est leur prix. Sinon, je les recommanderais à tout le monde.

Le soir même de mon arrivée, le médecin chef est passé brièvement dans ma chambre me souhaiter la bienvenue et m'expliquer le protocole de soins. J'ai réclamé une cure de sommeil – je n'en pouvais plus. L'infirmière le suivait avec les menus du lendemain – au choix ! Je me suis pincée pour y croire. J'ai passé une dizaine de jours en cure de somnolence. Petit déjeuner au lit à neuf heures, goutte-à-goutte toute la matinée, déjeuner au lit puis sieste presque tout l'après-midi, thé à seize heures trente, dîner au lit à dix-huit heures trente. Je ne souffrais pratiquement plus. Je dormais presque tout le temps, je me remplumais, prenais des bains tièdes dans ma baignoire personnelle. J'avais l'impression de pouvoir enfin poser mes valises.

Petit à petit, on a diminué mes doses d'hypnotiques. Je dormais de moins en moins longtemps... et la douleur revenait peu à peu. C'était encore supportable. Parfois, quand l'infirmière voyait que l'angoisse me reprenait, elle me massait doucement. Le bien que cela peut faire ! C'était comme si elle me ramenait à la vie. Mon thérapeute était le médecin chef. Tous les jours, nous passions un moment dans son bureau à discuter littérature ou actualité. Il savait que j'étais journaliste et me parlait de ce qui lui semblait devoir m'intéresser. J'étais touchée et flattée aussi qu'il me traite comme quelqu'un de normal. À cause du traitement, je peinais à rassembler mes idées mais j'avais tellement envie d'être à la hauteur que je me défonçais. Nous abordions très rarement les raisons de ma dépression. Je lui en étais très reconnaissante.

C'était un homme d'une cinquantaine d'années, habillé de tweed et fumant la pipe. Je pense qu'il connaissait les limites de son art, mais il faisait de son mieux et c'était beaucoup. Un jour, alors que j'étais toujours sous camisole chimique, c'est-à-dire passablement abrutie, il m'a proposé d'aller passer un test de quotient intellectuel. Nous avions diverses activités possibles à notre disposition dans la clinique, de la gymnastique à l'atelier de psychologie en passant par l'ergothérapie. Rien n'était obligatoire.

J'ai d'abord refusé net. Je me sentais bien incapable d'être le moins du monde « intelligente ». On se sent tellement nul quand on est déprimé. Et puis je ressentais l'effet abrutissant et abêtissant des médicaments. Il m'a convaincue gentiment.

Quelques jours plus tard, j'arrive dans son bureau où il m'accueille avec un sourire :

— Je vous félicite, Catherine, me lance-t-il avec conviction, au vu de ces résultats, en temps normal, vous devez être bien au-dessus de la moyenne.

Même si, au fond de moi, je savais qu'il n'avait aucun moyen de pouvoir affirmer cela, je me suis sentie comme hissée au niveau du reste du monde. Du moins pendant quelque temps.

Plus tard, j'ai lu dans un manuel de médecine psychiatrique que, « *face à une dépression anxieuse sévère en phase aiguë, la psychothérapie de soutien avec attitude de revalorisation narcissique* » était indiquée. En effet.

Par la suite, j'ai eu l'occasion de visiter d'autres cliniques psychiatriques privées où des amis étaient hospitalisés. Il est certain que le niveau hôtelier n'est pas équivalent partout – qui dit « privé » dit « loi du marché », autrement dit : plus c'est cher et mieux c'est. Certaines cliniques sont prises en charge par les mutuelles – encore faut-il en avoir une. Il ne fait aucun doute pour moi qu'en l'état actuel du parc hospitalier public, en cas de dépression, il vaut mieux aller se faire soigner dans une clinique privée chère où l'on respecte l'intimité, le confort et les droits du malade. À moins, bien sûr, d'avoir la chance d'habiter dans la région de Montpellier…

6

Refaire surface

Je pensais aller mieux en sortant de Villebouzin, j'avais grossi (j'étais « soufflée » même, neuroleptiques aidant), j'étais plus sereine ; Marie-Christine pensait que j'étais peut-être guérie.

Je suis donc rentrée chez moi, pleine de doutes et d'espoir en même temps. J'avais hâte de me retrouver dans mes meubles. Les établissements psychiatriques ont une caractéristique commune : on s'y ennuie ferme. Et la dépression n'est pas différente des autres maladies – on la transporte avec soi. On pense toujours qu'un changement de décor va tout changer, mais où qu'on aille et quoi qu'on fasse, on n'est bien nulle part.

J'ai tout de même tenu quelques semaines. En décembre, Eduardo m'a emmenée quelques jours à Rome à l'occasion d'un concert. J'étais si contente de partir avec lui ! Mais j'ai vite déchanté : il était dans un monde, moi dans un autre. J'avais beau me dire qu'il fallait que je cesse définitivement de le voir, les forces me manquaient. Ma vie était tellement vide.

Au retour, de nouveau, l'appartement, la solitude, la douleur, l'usure aussi. J'ai décidé de ne me laisser aucune chance. C'est l'accident de Claude François – le chanteur des années twist – qui m'a donné l'idée de la baignoire. Vous connaissez la suite.

La douleur inouïe de l'électrocution m'avait laissée hébétée. Mais pourquoi le sort s'acharnait-il contre moi ? Quelle faute étais-je en train de payer ? A-t-on jamais vu quelqu'un ne pas réussir à s'électrocuter ? La fatalité m'écrasait. J'étais résignée. Je n'ai alors plus fait que supporter.

Jusqu'à ce qu'un jour le miracle se produise. Je m'en souviens très bien, j'étais allongée sur mon lit et regardais fixement le mur de ma chambre – une « activité » qui m'occupait plusieurs heures par jour. La pièce était blanche, je le savais d'autant mieux que c'est moi qui l'avais peinte. Or, depuis des mois, je la voyais grise. Ça ne m'étonnait même pas, c'était en harmonie avec moi. Je fixais donc ce mur gris, quand brusquement... il est redevenu blanc ! C'était comme un rêve car, en même temps, je sentais que cette dalle de pierre qui m'écrasait le cœur depuis si longtemps se soulevait. En quelques heures, je suis devenue quelqu'un d'autre : j'ai téléphoné à ma fille en Afrique et lui ai annoncé que j'arrivais ; puis j'ai joint ma mère pour lui emprunter l'argent du billet d'avion ; j'ai pris le métro jusqu'aux Champs-Élysées, où se trouve Air Afrique (moi qui n'arrivais même plus à faire mes courses dans le quartier), pour acheter mon billet ; j'ai fait mes valises et, quelques jours plus tard, je suis partie m'installer définitivement à Abidjan. À Marie-Christine (ahurie) qui s'inquiétait de savoir comment j'allais trouver du travail là-bas, j'ai répondu, sûre de moi : *« Je me débrouillerai bien, j'ai l'habitude. »*

Voilà comment s'est terminé un cauchemar de presque deux ans. Bien sûr, je ne suis pas redevenue complètement normale du jour au lendemain. Pendant des mois, j'ai eu chaque jour de longs moments d'angoisse diffuse mais j'étais tellement soulagée de n'être plus déprimée que cela me paraissait dérisoire. D'autant qu'à mon arrivée en Afrique je me suis installée – provisoirement – chez mon ex-mari et que je vivais donc avec ma fille. Elle n'a d'ailleurs rien trouvé de mieux, le lendemain de mon arrivée, que d'attraper une hépatite qui l'a obligée à rester à la maison pendant quinze jours – nous étions donc toute la journée ensemble.

J'étais même capable de retravailler un peu. En quelques semaines je suis devenue correspondante de stations de radio pour qui j'avais travaillé en Amérique latine. Mais surtout, là-bas, personne ne savait ce qui m'était arrivé. De longues heures de bronzage sur la terrasse de l'appartement m'avaient donné une mine susceptible de donner le change. Je n'étais plus ce débris humain au teint de navet qui avait « abandonné » sa fille. J'étais simplement « la mère de Fanny qui vient s'installer en Afrique pour vivre près de sa fille ». Petit à petit, les moments d'angoisse se sont espacés. Le sommeil, lui, semblait m'avoir fuie pour toujours. Pendant des années, je suis restée « en convalescence », pourrait-on dire. Comme échaudée par la vie. Mais bien que les circonstances de cette vie aient été très chaotiques (retour d'Afrique par manque de travail, installation à X... avec Eduardo, nouvel emploi, puis nouvelle rupture, retour à Paris sans boulot, sans mon appartement qui était loué, un an de galère...), la maladie n'a pas récidivé.

Je viens de raconter une partie de ma vie et de celle d'autres patients; nos expériences communes se renforçant mutuellement. J'espère ainsi avoir montré comment se manifeste la dépression et jusqu'où elle peut mener. Mais si j'ai décidé d'écrire ce livre, c'est aussi pour en savoir plus. S'il est vrai que je me suis appliquée pendant sept ans à effacer cette expérience de ma mémoire, je gardais toujours au fond une angoisse diffuse, entretenue par l'incompréhension. Que m'était-il donc arrivé? J'ai donc mis autant d'application à tenter d'élucider ma maladie que j'en avais mis à l'oublier. Puisque j'étais de nouveau plongée dedans, je voulais tout savoir sur elle, ses origines, comment on la soigne, les perspectives de progrès – des raisons d'espérer, en somme, qu'elle ne me menacerait plus. J'ai donc entrepris d'enquêter dans les milieux scientifiques les plus spécialisés.

Pour commencer, je voulais parler à un neurobiologiste. Comme je n'avais pas d'*a priori* sur l'origine des maladies mentales, autant commencer par le plus « scientifique ». Renseignements pris, il se dégageait un nom en particulier: Jean-Pol Tassin, un éminent chercheur. Je suis allée lui rendre visite dans son laboratoire du Collège de France.

J'imaginais un vieux monsieur plein de science et je me suis retrouvée face à un jeune scientifique d'une quarantaine d'années… plein de science et très sympathique. Il semblait très occupé cet après-midi-là, ce qui ne l'a pas empêché de me convier à lui poser mes questions… dans la petite pièce réfrigérée où il menait une expérience. Je le regardais manipuler de bizarres instruments avec une précision et une attention qui ne l'empêchaient pas de converser, avec en fond sonore le ronronnement des machines qui donnait à la scène un côté intimiste assez plaisant. N'étant pas scientifique, comme je l'ai déjà dit, j'étais un peu nerveuse à l'idée de ne pas comprendre ses réponses. J'avais vraiment tort de m'inquiéter. Pour lui, la solution de la dépression se trouve… dans la psychanalyse. Je rêvais de rationalité, de A + B, il me servait du Freud et de l'inconscient. J'étais perplexe et un peu énervée en le quittant. Si on ne peut même plus se fier à la science…

Cette première expérience perturbante m'a plongée dans des abîmes de réflexion et de lecture. C'est ainsi que j'ai appris que la dépression existe depuis l'aube des temps. Dans l'Antiquité c'était même la seule maladie mentale connue et sa description dans les écrits d'Hippocrate et de Gallien n'est pas très différente de celle qui en est faite aujourd'hui. Pourtant, la « mélancolie », comme on l'appelait alors, n'avait pas la connotation péjorative qu'on lui donne de nos jours. Au contraire même, on considérait qu'elle était l'apanage des esprits créatifs puisque les plus éminents philosophes, politiciens ou artistes en étaient atteints. Plus récemment, des artistes et des écrivains comme Balzac, Hemingway, Modigliani ou Van Gogh l'ont été également, mais aussi des hommes d'État, tels Lincoln ou Churchill. Il semble avéré en tout cas que les artistes souffrent trois fois plus de troubles de l'humeur que les autres professions. Kay Redfield Jamison, une psychiatre américaine maniaco-dépressive devenue spécialiste de cette maladie, a étudié un groupe d'une cinquantaine d'éminents écrivains et artistes britanniques, dans le but de déterminer le rôle joué par l'humeur dans la créativité. Plus d'un tiers d'entre eux avaient été traités pour des troubles de l'humeur, dépression ou maniaco-dépression essentiellement.

Je ne pense pas que la dépression soit « le mal du siècle » comme on le dit facilement aujourd'hui. Ou alors elle était déjà le mal du XVIIIe siècle, puisqu'un médecin écossais, George Cheyne, écrivait que la « mélancolie » touchait au moins un quart des classes moyennes et supérieures de la société britannique.

Je ne pense pas non plus, comme l'écrit Alain Ehrenberg dans son livre *La Fatigue d'être soi*, qu'elle soit la conséquence de cette liberté de choix que nous offre la société moderne. Les périodes historiques les plus « déprimées » sont plutôt celles de l'après-guerre où la tension se relâche, où l'on compte ses morts et se trouve confronté aux difficultés financières individuelles, ou bien celles de crise économique pendant lesquelles le chômage, la pauvreté pour certains et l'absence de perspectives tuent l'espoir.

Pourtant, notre société ne sait pas très bien quoi faire de ses malades mentaux. Autrefois, on hésitait entre deux termes pour les définir : délinquants ou possédés ? Jusqu'à il y a deux cents ans, on les jetait en prison. Un certain M. Pinel les a qualifiés de « malades » et ils se sont retrouvés à l'asile. Au vu des conditions de l'époque, ce n'était d'ailleurs pas forcément mieux pour eux. J'ai dit « notre » société parce que j'en ai vu d'autres qui semblent s'accommoder mieux que nous des différences. Ainsi en Afrique, les fous, pourvu qu'ils ne soient pas furieux, ne sont pas systématiquement mis à l'écart ; ils font partie du décor. Faute de structures, peut-être, me direz-vous. N'empêche, l'absence d'hostilité à leur égard surprend. Je me souviens en avoir vu un zigzaguer entre les voitures qui s'appliquaient à l'éviter, en plein centre-ville d'Abidjan, tout nu et tout crasseux. Il ne semblait pas déranger. « *On lui donne à manger des fois, il est gentil* », m'ont commenté les habitants du quartier pour toute explication. Dans certaines campagnes françaises, on lui aurait jeté des pierres.

Au cours de mon enquête, je me suis aperçue que les éminents spécialistes que j'interviewais ou lisais avaient le plus souvent des idées divergentes voire opposées sur le sujet. Pourquoi, me suis-je demandé, n'en est-il pas de même pour les spécialistes des maladies « organiques » ? Force est de constater que la science nous apprend finalement assez peu de chose sur cet organe si compliqué qu'est le cerveau. Le mystère qui l'entoure donne lieu à toutes sortes de préjugés, et l'histoire des maladies mentales montre à quel point leur prise en compte est idéologique.

L'opposition entre les conceptions de deux des figures les plus marquantes de la psychiatrie moderne, nées la même année (1856), Emil Kraepelin (intéressé par l'aspect biologique et héréditaire des maladies mentales) et Sigmund Freud (persuadé qu'elles sont le reflet de traumatismes psychologiques), en est une illustration.

Emil Kraepelin considérait qu'il fallait transformer la psychiatrie en une vraie science (ce qu'elle n'était pas à l'époque et qu'elle n'est pas encore complètement aujourd'hui) en appliquant aux pathologies mentales les mêmes techniques d'investigation (l'autopsie par exemple) et de classification qu'aux maladies organiques. C'est ainsi qu'il a, le premier, montré la différence entre la démence précoce qui induit une détérioration mentale inéluctable et la maniaco-dépression, dont les accès sont séparés par de longues périodes de normalité, voire parfois de créativité exceptionnelle, sans altération des facultés mentales. Il avait noté que certains malades ne présentaient que des accès maniaques ou mélancoliques, concluant qu'il s'agissait probablement de deux expressions d'une même maladie ; une thèse reprise encore aujourd'hui par de nombreux psychiatres et confortée par l'observation selon laquelle, dans certaines familles, les descendants d'un membre maniaco-dépressif peuvent être soit maniaco-dépressifs, soit dépressifs.

À cette époque, une terrible maladie mentale assez courante baptisée « paralysie générale progressive » se manifestait tout d'abord par une altération de l'humeur, suivie d'épisodes maniaques culminant par une paralysie générale. Ses victimes étaient envoyées à l'asile. En 1904, l'un des assistants d'Emil Kraepelin, Alois Alzheimer, fit la première description détaillée des altérations microscopiques du cerveau des victimes de cette maladie. Deux ans plus tard, on découvrit que ces altérations étaient dues au microbe de la syphilis. Les patients quittèrent l'asile pour l'hôpital, et, en 1910, Paul Ehrlich découvrit le premier traitement de la syphilis. Après avoir disparu du catalogue des maladies mentales, la « paralysie générale progressive » a ainsi peu à peu disparu de la planète.

Plus tard, c'est le même Alzheimer qui, en disséquant un cerveau, put y constater les ravages causés par la maladie qui portera son nom. À l'époque, ces découvertes ont contribué à la notoriété de Kraepelin et validé sa démarche scientifique.

Mais la mode n'allait pas tarder à changer à cause d'un événement qui n'avait pas grand-chose à voir avec la science. À la suite d'une vaste étude épidémiologique, Kraepelin avait révélé l'origine génétique des maladies mentales. Cette thèse fut reprise par un de ses disciples (qui lui succédera après sa mort) : Ernst Rüdin. Mais ce dernier poussa la théorie jusqu'à ses ultimes conséquences : la stérilisation forcée des malades mentaux. Il devint un fervent défenseur de la thèse eugéniste développée par les nazis arrivés au pouvoir et, bien que n'étant pas nazi lui-même, participa activement à leur campagne de stérilisation de 1939-1940. Kraepelin était déjà mort à cette époque (il est décédé en 1926), mais le fait qu'une de ses recrues ait collaboré à ce point avec l'ennemi porta gravement atteinte à la réputation de son école et stoppa net le développement des recherches génétiques en psychiatrie.

La relève apparut en la personne de Sigmund Freud. Sa théorie psychanalytique était née à la fin du XIXe siècle mais, en comparaison, elle prenait soudain une autre dimension – elle semblait plus humaine, moins clinique, tout à fait à l'opposé de celle de son prédécesseur. Selon Freud, il faut rechercher les causes des maladies mentales dans les traumatismes de la petite enfance. Par rapport à cette approche universelle de la maladie, celle de Kraepelin paraissait platement académique. L'âge d'or de la psychanalyse (qui correspond à l'abandon des efforts de classification des maladies mentales entrepris par Kraepelin) dura jusqu'à l'avènement des médicaments psychotropes, dans les années soixante.

L'intellectuel « mélancolique » anglais du XVIIIe siècle se retournerait dans sa tombe si on lui annonçait qu'aujourd'hui on traite son signe extérieur de supériorité sociale comme une vulgaire infection : avec des pilules à l'instar des centaines de milliers d'ulcéreux (de l'estomac) – dont j'ai fait partie – à qui on a répété à l'envi que leur problème était psychologique et qui ont découvert avec stupeur, il y a quelques années, qu'en absorbant quelques antibiotiques la vilaine bactérie qui les faisait tant souffrir disparaissait comme par enchantement.

Peut-on imaginer un tel retournement de situation dans le traitement du cancer ou des maladies cardiovasculaires ?

Si, dans certains pays comme l'Argentine, la psychanalyse reste un mode de vie, dans d'autres, tels les États-Unis, elle n'est plus qu'une pratique surannée, trop chère, trop aléatoire, remplacée par des techniques au rapport qualité/prix plus performants comme les thérapies brèves. Il semble qu'en France – Jean-Pol Tassin en témoigne – nous ayons fait la part des choses. J'ai entendu parler de psychiatres qui se contentaient de prescrire des médicaments pour soigner une dépression, sans proposer de psychothérapie. Mais ils sont rares. Je n'en ai pour ma part rencontré qu'un seul.

Il reste que l'ignorance de l'homme quant au fonctionnement de son cerveau et les partis pris idéologiques qui en résultent quant au traitement de ses dérèglements, expliquent peut-être l'hostilité que notre société a développée envers ces derniers. Ainsi, à ses yeux, mis à part certains milieux marginaux du monde des arts ou du spectacle, la dépression reste une maladie honteuse.

A-t-on jamais vu un homme politique français en exercice reconnaître qu'il a fait une dépression ?

On hésiterait à lui confier des responsabilités par la suite. Quel patron a envie d'employer une personne « instable nerveusement » qui risque de recraquer au moindre stress ? Mieux vaut se taire et prétexter une maladie organique réversible. Pourtant, tous les déprimés ne restent pas fragiles – j'en suis un exemple – et ils ont, peut-être plus que les autres, besoin d'être insérés.

Certains pays font des campagnes d'information pour changer les *a priori* du public sur les maladies mentales comme la Hollande, où le mari de la reine s'est présenté en personne à la télévision pour dire qu'il souffrait de maniaco-dépression (comme beaucoup d'hommes politiques d'ailleurs).

La honte et l'isolement sont encore le plus souvent le lot du déprimé, comme le constate Patricia Karen James, cofondatrice de l'association France Dépression et malade elle-même :

> « *L'image de la honte est trop forte, il faut absolument cacher son mal aux voisins, à la famille, aux commerçants, à ses copains, à ses profs. Beaucoup m'ont confié qu'ils allaient chercher leurs médicaments chez un pharmacien situé loin de leur domicile, de façon à ce que personne ne sache rien. Le déprimé est accusé de ne pas prendre ses responsabilités, d'être fragile, bizarre, peu fréquentable, et la liste est encore longue ! Il est également accusé d'être coupable de sa maladie ; il ressent à ce point l'incompréhension d'autrui qu'il n'ose même pas avouer ce dont il souffre. Il n'a même pas le droit de souffrir en paix.* »

Une situation d'autant plus injuste que les conséquences peuvent être graves, comme ce fut le cas pour elle :

> « *Je ne pourrai jamais demander des dommages et intérêts pour les injustices subies ; le mal est fait et je paie très cher mon exclusion : mise à la retraite d'office pour invalidité, je n'ai qu'une pension bien inférieure au RMI. Étant donné le climat de méfiance qui règne autour de la maladie, j'ai peu de chances de retrouver du travail. Il s'ensuit alors un processus kafkaïen : exclue du monde social, je n'ai plus ma place parmi les autres, ce qui engendre un fond de dépression chronique ! C'est le principe du serpent qui se mord la queue, le cercle vicieux, la spirale infernale, le pot de terre contre le pot de fer !* »

7

Les chiens ne font pas des chats

Dans ma famille, il y avait deux clans : les Derivery et les Schaedeli. Les paternels et les maternels. D'un côté, il y avait les pauvres, de l'autre les riches ; d'un côté Zola, de l'autre Balzac. Moi, on m'avait collée d'office chez Zola parce que j'étais blonde aux yeux bleus comme mon père et dotée du même fort caractère. J'aurais préféré Balzac mais on ne m'a pas demandé mon avis. Ma sœur avait la chance d'être brune aux yeux marron. Je lui ai toujours envié cette particularité qui lui assurait d'une part l'ascension sociale intrafamiliale, d'autre part la chance d'échapper à la fatalité des Derivery : la déchéance alcoolique. Elle avait également de nombreux autres privilèges à mes yeux, notamment celui d'être née quatorze mois avant moi. Le premier moment de déception passé, comptant sur le prochain coup, son père lui avait finalement pardonné de ne pas être un garçon. Quand, l'année suivante, à la maternité, on lui a annoncé que son Christian (il avait choisi ce seul prénom) était une fille, il a claqué la porte. Je pense qu'il ne s'en est jamais remis. J'ai eu du mal, aussi. Il n'y a jamais eu de troisième tentative.

Toujours est-il qu'au fur et à mesure que le temps passait il y avait de moins en moins de doute que la malédiction se réalisait : j'avais beau être une sous-Derivery (puisque je n'avais pas de zizi), j'étais quand même bien une Derivery. Mon premier verre et ma première cigarette me l'ont confirmé, si besoin était.

Ma grand-mère paternelle était bretonne et, selon la tradition locale, dès que j'ai eu dix ans, elle m'a initiée. J'ai adoré tout de suite. Je n'ai cessé définitivement de fumer mes deux paquets par jour qu'il y a environ trois ans. Quant à l'alcool, il m'a accompagnée tout au long de ma jeunesse. Dès que j'avais un problème – et j'en ai eu rapidement –, je l'y noyais. Heureusement, j'ai ce qu'on appelle « le vin gai », ce qui n'est pas sans danger. Mais la tristesse et l'agressivité des autres Derivery m'ont servi de leçon – depuis ma grossesse, je me surveille de près. Depuis mon plus jeune âge, j'exerce ma volonté. Durant ma période mystique de prime jeunesse, je cessais de manger durant quelques jours, histoire de voir si je pouvais tenir. Je pouvais. J'ai cessé de fumer du jour au lendemain sans médicaments ni aide d'aucune sorte. Je suis capable de boire modérément pour n'en garder que le plaisir. Mais quand j'ai tenté de guérir mon insomnie et ma dépression à force de volonté, ça n'a pas marché. J'ai ainsi appris que la volonté ne peut pas tout, contrairement à ce que l'on m'avait enseigné un peu rapidement.

Adolescente, je pensais que mon père n'avait pas de volonté parce qu'il fumait ses quatre paquets par jour et buvait comme un trou. Je ne savais pas encore ce qu'était la dépression.

De la volonté, il avait dû en avoir pour devenir ingénieur, lui, le fils d'ouvrier. Avec beaucoup de crédits et de sueur, il avait fini par monter sa propre entreprise de machines-outils. Nous habitions dans le pavillon de mes grands-parents maternels, ce qui lui permettait de ne pas payer de loyer. Chaque sou était compté et réinvesti dans l'entreprise.

Un jour – il devait avoir environ quarante ans –, il est rentré à la maison au beau milieu de l'après-midi, en pleurs, soutenu par son contremaître. Pendant toute une semaine, il est resté au lit, prostré, puis la vie a repris comme avant. On nous a dit, à ma sœur et à moi, qu'il avait fait un accident cardiaque. L'incident nous avait d'autant plus marquées que notre père était un travailleur forcené. Debout à cinq heures trente tous les matins, il commençait sa journée à sept heures « pour donner l'exemple aux ouvriers », prétendait-il. En fait, il était insomniaque. Le soir, il rentrait tard, souvent après huit heures et ne se couchait jamais avant minuit. Il passait fréquemment le samedi après-midi « à l'atelier », comme il disait, et ma mère devait râler pour qu'il n'y retourne pas le dimanche. Grand sportif, il ne tombait jamais malade et ne s'était brièvement arrêté qu'à l'occasion de petits accidents (une balle de tennis dans l'œil au cours d'un match...). Alors le voir comme ça, le regard vide, allongé dans le noir, muet, nous avait impressionnées. Ma mère n'a jamais su ce qui lui était arrivé, mais elle reconnaît aujourd'hui que s'il s'agissait du cœur, ce n'était probablement pas l'organe qui était atteint.

J'ai toujours connu mon grand-père paternel triste. Certes, ils étaient très pauvres dans la famille, et la vie avec ma grand-mère ne devait pas être rose tous les jours. Presque aveugle de naissance (elle le deviendra complètement après une opération ratée), elle était aussi acariâtre. C'est elle qui portait la culotte, comme on disait en ce temps-là, pour expliquer qu'elle écrasait complètement ce mari au caractère trop doux. Moi, je l'aimais bien, mon grand-père. Je ne m'étais jamais rendu compte qu'il buvait, mais mon père nous a raconté que, quand il faisait ses études d'ingénieur aux Arts et Métiers, il était obligé de travailler la moitié de son temps à l'atelier de son père artisan, trop soûl pour assurer les commandes.

Quant à ma tante, la sœur aînée de mon père, sa vie m'aura servi de contre-exemple. Détestée par sa mère depuis sa venue au monde, elle passera ses premières années chez une nourrice, en Bretagne, avant d'être rapatriée sur Paris à la naissance du petit frère, pour servir de bonne à tout faire à la maison. Elle avait droit à un lit de camp dans l'entrée pendant que son frère dormait dans la salle à manger. Il y étudiait aussi – la famille n'avait pas les moyens de payer des études aux deux. Ma tante passera le reste de sa vie à travailler comme dactylo et à se détruire consciencieusement en attendant – vainement – que sa mère lui montre un petit peu de tendresse. Amoureuse d'un homme marié trop égoïste pour assumer sa double vie, elle qui adorait les enfants restera stérile après des avortements comme on les pratiquait avant Simone Veil. À chaque nouvelle désillusion (fausses couches, mort de son compagnon...), elle s'enfonçait un peu plus profondément dans l'alcool, se déformant jusqu'à devenir cette image grotesque au ventre distendu, au visage boursouflé et violacé. Quand elle est morte, seule, à l'hôpital, je me suis dit que sa vie était ce qu'il y avait de plus triste et misérable au monde.

Sa mère n'a eu besoin d'être ni alcoolique, ni fumeuse, pour que sa vie soit un désastre. Maltraitée par une marâtre (comme on disait alors) dès son plus jeune âge, privée de lunettes, elle qui était myope comme une taupe, elle se retrouvera à l'usine à quatorze ans, aux pièces, jusqu'à ce que ses yeux ne le lui permettent plus. Au fur et à mesure qu'elle perdait la vue, elle se repliait sur son malheur, incapable d'aimer ni son mari, ni sa fille, ni même vraiment son fils « préféré », mon père, à qui elle ne survivra pas longtemps. Zola, je vous dis.

Aucune de ces personnes n'a jamais été soignée pour dépression. Pour alcoolisme non plus d'ailleurs. Elles en sont pourtant toutes mortes plus ou moins directement (l'alcool favoriserait la dépression et inversement, tout en renforçant l'effet cancérigène du tabac) voire prématurément : mon grand-père et mon père du cancer des voies respiratoires, le premier à soixante et un ans, le second à quarante-sept ; ma tante, quelques années après son frère, d'une cirrhose carabinée. Ma grand-mère, de chagrin.

On comprend pourquoi j'aurais préféré « être du côté de ma mère », où mes grands-parents ont vécu tous deux jusqu'à plus de quatre-vingts ans une vie heureuse et prospère sans même être ennuyeuse. Je me suis toujours demandé ce qui a poussé ma mère, leur fille unique, à aller se fourvoyer dans cette galère matrimoniale. Mon père était beau garçon, paraît-il – ceci expliquant peut-être cela. Il était intelligent aussi, ce qui ne l'a toutefois pas empêché de foutre sa vie en l'air. Petite, je pensais que le malheur était génétiquement programmé. Je sautais une étape. J'ai appris récemment que c'est l'addiction et la dépression qui le seraient. L'idée m'inspire deux sentiments contradictoires.

D'une part, elle me rassure – si c'est génétique, ce n'est donc pas de ma faute ; mais d'autre part, comme je suis mère de famille, elle m'inquiète pour mes descendants, même si jusqu'à présent, ma fille de dix-huit ans a l'air plutôt équilibré, malgré les complications issues du divorce de ses parents et de ma maladie.

Selon les études épidémiologiques menées par le Dr Antoine Pelissolo de l'hôpital Fernand-Widal, alcool et dépression seraient effectivement liés. Les deux troubles auraient même une origine génétique commune. Trente pour cent des patients déprimés ont eu au moins un épisode d'alcoolisme à un moment de leur vie. Mais il est difficile de savoir lequel provoque l'autre. Dans deux cas sur trois, il semble pourtant que la dépression précède l'alcoolisme et que la moitié des femmes alcooliques aient eu des antécédents de dépression sévère. Si cette dernière touche deux fois plus de femmes que d'hommes, pour l'alcoolisme c'est l'inverse.

Décidée à en savoir plus sur un sujet qui n'est pas simple à comprendre pour un non-scientifique, j'ai rencontré le Dr Bellivier, spécialiste des facteurs de susceptibilité dans la maladie maniaco-dépressive à la Salpêtrière, et le Dr Feingold, pédiatre, généticien, épidémiologiste et directeur de recherches à l'Inserm.

Dégingandé, le cheveu gris en bataille, très courtois et si rigoureux qu'il corrigera mon texte mot à mot, ce dernier estime que la découverte de l'origine génétique d'une maladie représente un très grand espoir : *« On peut découvrir des médicaments ultraspécifiques dans l'avenir. C'est ce qui s'est passé avec le sida : on ne savait plus quoi faire et puis on a découvert qu'il y avait des facteurs génétiques de susceptibilité et de résistance à cette maladie, et cela va ouvrir des pistes thérapeutiques nouvelles. »*

Cependant, la dépression n'est pas une maladie génétique à proprement parler ; c'est une maladie à hérédité complexe dans laquelle interviennent des facteurs génétiques et des facteurs environnementaux.

Pour comprendre en quoi la nuance est importante, il peut être utile de rappeler quelques notions de base. Il existe en effet quatre groupes de maladies génétiques :

— les maladies *mendéliennes* ; c'est-à-dire héréditaires classiques (les maladies du Téléthon), comme la myopathie de Duchenne, la mucoviscidose ou l'hémophilie. Aucune affection psychiatrique n'en fait partie ;

— les *aberrations chromosomiques* ; il s'agit d'anomalies dans le nombre ou dans la structure d'un chromosome qui sont responsables de maladies telles que la trisomie 21 ou mongolisme ;

— les maladies *mitochondriales*, dues à des anomalies des mitochondries, les centrales énergétiques des cellules. Ce sont des maladies relativement rares, comme l'atrophie optique de Leber ;

— les maladies à *hérédité complexe* requièrent des facteurs de susceptibilité (ou de vulnérabilité) et des facteurs de milieu (ou environnementaux) pour se développer. Elles sont familiales et possèdent une composante génétique – dans ce cas polygénique, c'est-à-dire impliquant plusieurs gènes – qui explique cette concentration familiale. Dans ce cas, il ne s'agit pas d'un gène défectueux – les gènes de susceptibilité sont des gènes banals, tout le monde les possède –, mais le hasard fait qu'un individu en rassemblera cinq ou six qui le rendront vulnérable à une certaine agression du milieu. La plupart des maladies sont de ce type.

Pour démontrer que la maladie est familiale, il faut prouver qu'elle est plus fréquente chez les apparentés du malade que dans le reste de la population. À cet égard, les maladies mentales sont logées à la même enseigne que des maladies organiques comme le diabète, le cancer ou l'hypertension artérielle. On a ainsi pu constater que, si la fréquence de la dépression dans la population normale est de 5 %, elle grimpe jusqu'à

11 à 18 % si l'on a un parent atteint; le risque étant d'autant plus grand que la filiation est proche.

Il faut ensuite étudier l'influence du milieu. Par exemple, en matière de cancer du poumon, on a pu vérifier que ceux qui présentent le moins de risques de souffrir de cette maladie ne fument pas et n'ont pas de parents qui souffrent de cette maladie. Lorsqu'ils fument, leur risque est multiplié par cinq. S'ils ne fument pas mais qu'ils ont un parent malade, il est multiplié par quatre. Mais s'ils fument et qu'ils ont un parent malade, il est multiplié par treize. On peut alors dire que le milieu, c'est le tabac mais que les facteurs familiaux jouent un certain rôle.

La grosse difficulté dans l'étude des maladies, c'est que la multiplication de cas dans une même famille ne signifie pas forcément qu'il existe une composante génétique. Cela peut être dû également au milieu, que l'on appelle aussi « hérédité socioculturelle ». Dans une famille d'obèses par exemple, il est probable que les repas soient pris en commun et que le menu soit le même pour tout le monde. Si tous les membres de cette famille se goinfrent de fritures, de sucreries et de charcuterie sans faire de sport, il est compréhensible qu'ils soient tous obèses. Pourtant il existe un facteur génétique dans l'obésité. Il s'agit donc de faire la part des choses. Plusieurs méthodes sont employées pour y parvenir :

— *la comparaison des jumeaux* : si la fréquence de la maladie est plus grande chez les monozygotes (les vrais jumeaux, qui partagent le même patrimoine héréditaire) que chez les dizygotes (les faux jumeaux, qui n'ont que 50 % de patrimoine génétique commun), c'est que le facteur génétique joue un rôle. Par exemple, pour l'épilepsie (le petit mal), chez les monozygotes, la concordance approche 73 %, chez les dizygotes, elle est de 13 %. Pour la sclérose en plaques, elle est de 26 % dans un cas, de 12 % dans l'autre. En matière de schizophrénie, elle est de 30 % dans un cas, et de 6,5 % dans l'autre. Pour la psychose (ou maladie) maniaco-dépressive, la concordance va, selon les études, de 51 à 93 % chez les monozygotes et de 0 à 30 % chez les dizygotes. Selon les épidémiologistes, ces chiffres permettent d'affirmer que ces maladies présentent une importante composante génétique;

— *la comparaison des enfants adoptés*: on compare la fréquence d'une maladie chez les parents biologiques d'un enfant malade et chez ses parents adoptifs. Pour la schizophrénie par exemple, on retrouve 15 % de parents biologiques atteints pour 1,8 % de parents adoptifs. On peut en déduire qu'il existe des facteurs génétiques dans la schizophrénie. En ce qui concerne l'obésité, on a comparé le pourcentage de mères biologiques obèses de trois groupes d'enfants: maigres, normaux et obèses. Les résultats sont respectivement de 18 %, 35 % et 41 %. Alors que dans le cas de mères adoptives ils sont de 34 %, 37 % et 35 %; ce qui démontrerait l'existence d'un facteur génétique dans l'obésité.

La composante génétique de ces maladies est le plus souvent polygénique, c'est-à-dire que plusieurs gènes concernés apportent chacun leur petit effet. Dès que la susceptibilité atteint un certain seuil, la maladie apparaît (c'est ce qu'on appelle « l'hérédité polygénique à seuil »). Les gènes concernés sont toujours normaux; d'ailleurs, certains gènes de susceptibilité à une maladie sont des gènes de résistance à une autre. Le gène dit DR2, par exemple, semble associé à une susceptibilité à la sclérose en plaques; mais il serait également responsable d'une résistance au diabète insulino-dépendant.

Pour ce qui est de la dépression, il m'a paru surprenant que les deux grands centres français d'études génétiques de cette maladie – Sainte-Anne et la Salpêtrière – la considèrent comme un sous-groupe de la psychose (ou maladie) maniaco-dépressive (PMD). Ils la nomment alors dépression unipolaire ou monopolaire, par opposition à la dépression bipolaire ou PMD, caractérisée par des phases d'excitation suivies de phases de dépression. Ils émettent toutefois l'hypothèse que le facteur génétique en cause soit différent, d'autant que les chiffres concernant les deux maladies divergent: la PMD, par exemple, touche autant d'hommes que de femmes, alors que la dépression touche deux fois plus ces dernières. Le risque de développer une PMD est de 1 % dans la population normale et de 8 % dans une famille déjà touchée par la maladie, alors que, pour la dépression, elle est de 5 % dans la population normale et de 11 à 18 % dans une famille touchée. De même, dans les études sur les jumeaux, la fréquence de la maladie (taux de concordance) chez les patients bipolaires est plus élevée que chez les unipolaires.

Bien que les recherches génétiques sur les maladies psychiatriques soient très importantes, le Dr Feingold considère que les résultats ne sont pas à la hauteur de ce qui y a été investi pour l'instant: il faut bien le reconnaître, on n'a pas encore identifié les gènes de la dépression.

L'aspect génétique de la dépression reste controversé car, comme le précise Daniel Widlöcher, « *nous ignorons tout de la chaîne ou des chaînes en cause dans la dépression. Cette action des gènes porte-t-elle sur la sensibilité à la douleur morale, sur le ralentissement moteur ou idéique, sur les rythmes du sommeil? Entre l'anomalie génétique et le comportement, il y a un maillon possible dont nous ignorons tout: c'est celui des bases biochimiques de la réalisation du comportement* ».

Les psychanalystes « purs et durs » ont tendance à nier l'aspect génétique de la dépression. Pour eux, s'il n'y a pas de raison apparente à l'épisode dépressif, c'est qu'elle est cachée. Le traiter avec des médicaments revient à en dissimuler les symptômes, autant dire à se débarrasser momentanément du problème, qui, à la première occasion, ressurgira. Selon eux, seule la parole peut soulager, voire guérir.

Nadine Gabin, psychanalyste-conseil à SOS Suicide s'insurge: « *Je crois qu'à essayer de cerner le problème à travers la génétique, on passe à côté de ce qui peut être le destin d'un homme. La génétique est doublement contradictoire avec la liberté de l'individu parce que ceux qui font des recherches ont pour vocation générale de réduire la part de subjectivité, or je vois mal comment on pourrait concilier les deux, à moins d'octroyer une liberté aux gènes.* »

Le point de vue de Nadine Gabin reflète une peur répandue de la génétique qui conduit à sa diabolisation. Personne ne contesterait aujourd'hui l'origine génétique de la mucoviscidose, par exemple. Dans le domaine de la dépression, les recherches sont en cours, mais, pour « l'usager », les doutes philosophiques pèsent peu au regard du formidable espoir qu'elles représentent.

8

Pourquoi moi ?

Ma mère m'a raconté qu'à l'heure où je me trouvais dans le coma au CHR de X..., à la suite de ma quatrième tentative de suicide, elle s'était entendu répondre par un interne exaspéré devant ses demandes réitérées d'informations à mon sujet : « *Votre fille n'est pas malade, madame, nous avons autre chose à faire que de nous occuper d'elle. Ici, nous soignons de vrais malades !* »

Ils sont nombreux, les psy, à penser que la dépression n'est pas une vraie maladie. Les « vraies », ce sont les maladies organiques, un bon cancer, une bonne crise cardiaque...

De tous les thérapeutes que j'ai rencontrés, Nadine Gabin est probablement celle qui a formulé le plus clairement cette opinion : « *La dépression n'est pas une maladie ; le concept clinique de dépression n'existe pas, un certain nombre de symptômes peuvent être réunis chez un même sujet malade sans qu'on puisse déterminer s'il est atteint d'une névrose aggravée ou d'une psychose* ». Et pour enfoncer le clou : « *D'ailleurs, on le retrouve dans d'autres pathologies comme la perversion ou la psychose, c'est bien la preuve.* »

(Comme si on ne pouvait pas avoir un cancer et la migraine, pensai-je immédiatement.)

Pour elle, les neuf critères du DSM-IV ne sont qu'un « bricolage notionnel » qui peut être juste quant à la description, mais faux du point de vue diagnostique.

Mon trouble s'est accentué à la suite d'une conversation avec le Pr Zarifian, qui s'était refusé lui aussi à parler de maladie. Toutefois, ses arguments étaient si différents de ceux de Nadine Gabin que je ne voyais pas comment ils en arrivaient à la même conclusion.

Édouard Zarifian est un cas d'espèce dans la psychiatrie française. Chef de service à l'hôpital de Caen, auteur à succès, je le connaissais par ses livres et de réputation : celle d'un homme courageux qui avait osé dénoncer dans un rapport officiel la collusion entre l'*establishment* psychiatrique et l'industrie pharmaceutique, phénomène qui explique que la France soit le pays au monde où la consommation de médicaments psychotropes est la plus élevée. Cela lui a d'ailleurs valu de solides inimitiés.

Je tenais absolument à le rencontrer. Nous nous sommes donné rendez-vous dans l'arrière-salle d'un café de Montparnasse.

Impeccable, la barbe soigneusement taillée, la parole fluide, le visage impassible et surtout les yeux – transparents, s'embuant parfois à l'évocation de certaines souffrances, reflet surprenant d'une âme qu'on n'imaginait pas si sensible. Cette particularité mise à part, il ressemble exactement à l'image que l'on a d'un psychiatre.

Pour lui, il n'existe pas *une* dépression mais des quantités de personnes déprimées pour des raisons différentes. Or, les laboratoires pharmaceutiques n'ont pas trouvé un remède contre la dépression mais des médicaments ciblés supprimant certains de ses symptômes comme l'angoisse, la tristesse ou le délire. Les médecins considèrent donc – abusivement selon lui – qu'une fois les symptômes disparus, la dépression est guérie, bien qu'ils n'en aient pas identifié la cause. « *À la première occasion, les symptômes réapparaissent*, constate-t-il, *ce qui explique que la dépression soit considérée comme une maladie récidivante, voire chronique, relevant de traitements préventifs au long cours, parfois à vie, qui font le bonheur et la fortune des laboratoires pharmaceutiques.* »

Moins radical que Nadine Gabin, il reconnaît la nécessité de la traiter chimiquement, ce qui ne fait qu'accentuer ma confusion : pourquoi prendre des médicaments si l'on n'est pas malade ?

« Lorsque l'on associe les médicaments à une vraie thérapie destinée à la fois à soutenir moralement le malade et à l'aider à retrouver les causes de sa dépression, il n'y a plus de récidive. Mais cela implique une disponibilité de la part des thérapeutes que leur souci de rentabilité les empêche souvent d'avoir. »

Entièrement d'accord. Mais pourquoi alors répugner à appeler un chat un chat ?

J'ai foncé sur mon dictionnaire. Qu'est-ce donc qu'une maladie, à la fin ? Réponse du *Petit Robert* : *« Altération organique ou fonctionnelle considérée dans son évolution et comme une entité définissable. »* C'est bien ça, la dépression, non ? Pourquoi tant d'obstination à en contester le statut ?

Antonio Damasio, neurologue portugais expatrié aux États-Unis, dirige le département de neurologie de l'université de l'Iowa. Dans son ouvrage *L'Erreur de Descartes*, il écrit :

> *« La distinction entre maladies du "cerveau" et maladies "mentales", entre problèmes "neurologiques" et problèmes "psychologiques", relève d'un héritage culturel malheureux qui imprègne toute la société en général et la médecine en particulier. Elle reflète une méconnaissance fondamentale des rapports entre le cerveau et l'esprit. Dans le cadre de cette tradition, on estime que les maladies du cerveau sont des affections dont on ne peut blâmer ceux qui en sont atteints, tandis que les maladies psychologiques, et surtout celles qui touchent à la façon de se conduire et aux réactions émotionnelles, sont des troubles de la relation interpersonnelle dans lesquels les malades ont une grande part de responsabilité. Dans ce contexte, il est courant de reprocher aux individus leurs défauts de caractère, le déséquilibre de leurs réactions émotionnelles et ainsi de suite ; le manque de volonté est*

considéré comme la source primordiale de tous leurs problèmes.»

Damasio a constaté que ses patients à qui il manquait (suite à une opération ou à un accident) une partie du lobe frontal du cerveau changeaient totalement de personnalité, de caractère: ils devenaient extrêmement désinhibés, n'éprouvant plus le moindre sentiment pour leur partenaire ou leurs enfants, ils abandonnaient leur famille, et se mettaient à prendre systématiquement les mauvaises décisions; ce qui les menait à la ruine. Or cette partie du cerveau est impliquée dans le contrôle des émotions. L'intelligence de ces patients était intacte mais, leurs émotions étant affectées, ils se révélaient incapables d'évaluer correctement les situations.

D'où le titre de son livre. Descartes soutenait que *«les passions* (les émotions) *sont les esclaves de la raison»*. À en croire les travaux de Damasio, ce serait plutôt le contraire. Ces malades qui ont perdu leurs émotions (oui, littéralement perdu: ils ne ressentent plus, ou pratiquement plus, ni la peur, ni la haine, ni l'amour, ni aucune des émotions humaines normales) ont aussi perdu la capacité de prendre des décisions rationnelles.

Cela donne à réfléchir. Les émotions des dépressifs sont profondément altérées, déformées (les Anglais qualifient même la dépression non pas de maladie mentale mais de *mood disorder* = trouble de l'humeur. Dirait-on que le cancer est un «trouble des cellules»?). Et l'une des caractéristiques du comportement des déprimés est précisément qu'ils sont incapables de prendre des décisions; pis encore, c'est comme s'ils n'étaient capables de prendre que les mauvaises décisions. Si Damasio a raison, ceci pourrait-il expliquer cela?

Les émotions font partie de notre héritage biologique. Elles ont, comme l'affirment les biologistes, une valeur «adaptative», une utilité: si elles existent aujourd'hui, c'est qu'elles ont été utiles à nos ancêtres pour «s'adapter» à leur environnement (la peur pour fuir devant le danger, la rage pour se battre, etc.), c'est-à-dire survivre.

Le psychiatre britannique Anthony Stevens a développé l'idée selon laquelle les maladies mentales telle la dépression ont évolué à partir d'émotions « adaptatives » comme le chagrin et le deuil et possèdent elles-mêmes une valeur « adaptative ». Le biologiste britannique Lewis Wolpert (dont j'ai parlé dans le chapitre 3) a intitulé le livre dans lequel il raconte sa dépression *Malignant Sadness*, c'est-à-dire « tristesse pernicieuse ». Pernicieuse dans le sens médical du terme, à savoir « pathologique ». Tout en s'opposant à l'idée que la dépression puisse avoir une quelconque utilité (« *Ce n'est pas parce qu'une maladie est très répandue qu'elle a un objet*, argumente-t-il. *Les maladies cardiaques aussi sont répandues, elles ne sont pas pour autant adaptatives* »), il estime que la clef du problème c'est la tristesse, une idée déjà mise en avant par Freud. Selon lui, la dépression, c'est de la tristesse qui aurait mal tourné. « *La tristesse est à la dépression ce qu'une tumeur bénigne est au cancer* », écrit Wolpert. Sinon, comment expliquer que le deuil provoque pratiquement les mêmes émotions et les mêmes symptômes que la dépression ? « *Si l'on reconnaît que la tristesse est un sentiment adaptatif, universel et normal, alors on peut en déduire que la dépression est une tristesse pathologique. C'est une* ***maladie*** *qui empêche la personne qui en est atteinte de fonctionner comme il faut.* »

Deuil, tristesse et dépression : les psychanalystes ont toujours pensé que ces trois manifestations étaient liées. Déjà Freud, Abraham ou Klein affirmaient que la dépression, tout comme le deuil, dissimulait une agressivité envers l'objet ou la personne qu'on a perdu. Freud explique dans son livre *Deuil et Mélancolie* que la seule différence entre la dépression et le deuil, c'est que ce dernier n'implique pas d'altération de l'image de soi. Sinon, tout est semblable : la peine, la perte d'intérêt pour le monde extérieur, l'incapacité à remplacer l'objet aimé et le même rejet de toute activité qui ne soit pas en relation avec lui. Le déroulement des deux affections est également le même: période de stupeur, état de choc, douleur morale intense, sensation de vide, anxiété. Freud considère que la personne aimée que l'on a perdue est à la fois adorée et détestée; la dépression résulte de ce mélange d'amour et de haine, le déprimé s'identifie à la personne disparue et retourne l'agressivité contre lui-même.

S'il est certain que les similarités entre les deux affections sont frappantes, le deuil a ceci de particulier qu'on en connaît immanquablement la cause et qu'il dure un temps déterminé (s'il se prolonge, il devient dépression). Cependant, en comprenant le mécanisme du deuil, peut-être pourrait-on découvrir comment fonctionne celui de la dépression?

Les théories sont légion, qui tentent d'expliquer les causes de la dépression, et il est difficile d'être exhaustif en ce domaine. Abraham prétendait que la dépression pouvait être la conséquence d'un manque de gratification orale et d'une mauvaise relation à la mère. Puis Rado compara le dépressif à un jeune enfant qui serait trop dépendant de l'opinion de ses parents, raison pour laquelle il ne supporterait aucune déception. Bribing, pour sa part, pensait que l'*ego* jouait un rôle prédominant dans la dépression, laquelle survenait lorsqu'on se fixait des buts que l'on n'arrivait pas à atteindre. Pour Jacobson, la perte du respect de soi et les blessures d'amour-propre sont les vrais responsables de la dépression. Melanie Klein, quant à elle, estimait que les enfants vivaient très mal la période de sevrage, qui était liée à une forme de séparation d'avec la mère; l'impossibilité de supporter cette séparation pouvait, plus tard, causer la dépression. D'autres ont mis l'accent sur le traumatisme de la castration chez les femmes, issu de leur – supposée – envie du pénis de l'homme (qu'on leur aurait coupé)...

Quelle que soit la validité de toutes ces théories – et il est probable que certaines en aient –, elles souffrent toutes du même défaut: elles sont invérifiables. La vie est un vaste traumatisme dont personne n'est protégé. On ne grandit qu'en le surmontant, au jour le jour. Le traumatisme du sevrage est aussi inévitable que ceux engendrés par la séparation d'avec ses parents ou la perte d'un être cher. Mais si tout le monde a probablement souffert, enfant, d'être séparé d'avec sa mère, seulement un petit pourcentage de la population en fait une dépression.

Les biologistes portent sur la dépression un regard différent de celui des psy. Ces derniers partent du particulier (le patient qu'ils ont en face d'eux) pour aller au général (la théorie psychanalytique à laquelle le cas du patient leur fait penser).

Les biologistes et les psychologues expérimentaux (bien différents des psychologues cliniciens) s'y prennent différemment. Ils veulent comprendre les mécanismes élémentaires de la dépression et leur ennemi est sa trop grande complexité. En bons expérimentateurs, leur tactique consiste à diviser pour mieux régner : le problème est trop vaste et trop complexe ? ils le « saucissonnent » en plusieurs problèmes plus simples qu'ils tenteront d'expliquer individuellement. Pour ce qui est de la dépression, ils vont tenter de reproduire et d'analyser l'un de ses aspects. Mais l'expérimentation directe étant difficile, voire impossible à réaliser sur l'homme dans le cas des maladies mentales, ils vont utiliser le « modèle animal » comme intermédiaire, avant d'extrapoler à l'être humain.

Revenons à la question du deuil (un des « aspects » de la dépression) et aux parallèles que l'on peut établir entre ce dernier et la dépression. Ce qui le rend si insupportable, c'est qu'on ne peut rien faire pour ramener la personne disparue ; il y a donc perte de contrôle. Des expériences « d'impuissance apprise », visant à étudier expérimentalement les effets psychologiques de cette perte de contrôle, ont été tentées sur des chiens. Si l'on soumet un chien à des chocs électriques auxquels il ne peut se soustraire et qu'il ne contrôle pas, au lieu de chercher à s'enfuir, comme son instinct le lui commande en situation normale, il finit par s'immobiliser et subir son sort passivement. Ensuite, même s'il a la possibilité de s'échapper, il restera. On peut, bien sûr, trouver cela cruel et ridicule. Mais quand on répète cette expérience sur d'autres animaux, les résultats sont confirmés. Et quand on l'adapte à l'homme (en exposant des volontaires à un bruit pénible), les résultats sont toujours identiques. On peut alors comparer cela à l'une des étapes du deuil (quand on finit par abandonner l'idée de retrouver la personne disparue) ou au cas du bébé singe séparé de sa mère qui se met à la chercher frénétiquement en poussant des cris déchirants avant d'abandonner et d'adopter une attitude de retrait.

Les gens (ou les animaux) soumis à l'expérience de l'impuissance apprise ont les mêmes réactions que les patients déprimés. Ils maigrissent, deviennent passifs, éprouvent des difficultés à apprendre. Il est tentant d'en déduire – à l'image de certains expérimentateurs comme Seligman – que la dépression est due à la perte de l'espoir, à la conviction qu'il n'y a plus rien à faire pour retrouver la personne disparue, résoudre des difficultés financières, retrouver du travail ou soigner une maladie. Mais, dans la vie, pour l'être humain, ne pourrait-on pas tout aussi bien en déduire que la dépression est la cause et non la conséquence de tous ces symptômes ?

Pourquoi moi ? Même si j'ai souvent eu de bonnes raisons d'être déprimée, force est de constater que certaines personnes, qui ont des vies plus terribles que la mienne, ne font pas une dépression pour autant. D'autres en revanche, à qui il semble n'être rien arrivé de bien méchant, basculent dans la maladie à l'occasion d'un événement mineur. Les psychanalystes expliquent qu'il existe forcément dans notre passé un ou plusieurs traumatismes responsables de nos troubles mentaux futurs. Mais la vie n'est-elle pas un vaste traumatisme ? N'avons-nous pas tous dû quitter le ventre, puis le sein de notre mère, perdre un être aimé, subir un échec ? Pourquoi certains semblent s'en remettre et d'autres pas ?

« Après avoir rendu la mère responsable (des troubles mentaux), aujourd'hui, la psychiatrie américaine accuse le cerveau », ironise Elliot Valenstein, professeur de psychologie et de neurologie à l'université du Michigan,

dans son livre-pamphlet contre le tout-médicament : *Blaming the Brain*. Voilà qui résume assez bien les contradictions dans lesquelles se débat la psychiatrie quand elle tente d'expliquer la dépression.

Je pensais naïvement qu'il me suffirait de lire quelques ouvrages et de rencontrer quelques spécialistes pour comprendre « scientifiquement » en quoi consistait une dépression et particulièrement la mienne. Mes psychiatres n'étaient même pas d'accord entre eux sur sa dénomination. Les premiers la qualifiaient de « réactionnelle » (je réagissais à un abus de stress) tandis que ceux qui en ont connu la fin brutale et inespérée étaient convaincus de sa nature « endogène » (qui survient et disparaît sans raison apparente).

Il existe, en effet, plusieurs sortes de dépression : « endogène » ou « réactionnelle » donc, pour ce qui est de l'origine, mais on peut aussi les classer en fonction de leurs symptômes dominants : « catatonique », caractérisée par l'inertie du patient ; « agitée », dominée par l'anxiété et, dans certains cas très rares, les déprimés souffrent même d'hallucinations visuelles ou auditives, comme dans la schizophrénie. Il a été impossible, jusqu'à présent, d'associer quelque anomalie biochimique que ce soit à ces groupes de dépression, ni de prévoir précisément quel groupe va répondre à quel traitement. Alors qu'il est courant d'entendre dire que les dépressions endogènes réagissent mieux aux antidépresseurs que les dépressions réactionnelles, aucun de mes interlocuteurs ne m'a signalé d'étude scientifique le démontrant.

Dans le domaine de la dépression, certains noms sont des références, comme celui de Daniel Widlöcher, auteur d'un des premiers livres grand public sur le sujet, que l'on m'a souvent cité comme exemple d'un médecin sachant allier biologie et psychologie.

J'ai eu du mal à le rencontrer. D'abord, une réticence certaine à me parler, même au téléphone, puis, lors du rendez-vous arraché de haute lutte, un accueil plutôt rugueux, presque déplaisant, comme s'il n'avait guère envie d'aborder le sujet avec une béotienne. Après un échange sommaire, il me renvoie sans ménagements à ses écrits : *« Vous n'avez qu'à lire mes livres, tout est dedans. »* Qu'à cela ne tienne.

Dans les dépressions endogènes, y explique-t-il, l'influence extérieure compte peu mais le terrain beaucoup. On peut même le définir psychologiquement, selon lui : un grand sens des responsabilités, un caractère consciencieux à l'extrême et une importante composante agressive masquée en seraient les traits marquants. L'évolution de ce type d'épisode dépressif se fait par accès francs et circonscrits, sans qu'il y ait le moindre trouble entre les accès. Il existe donc un contraste entre la personnalité habituelle du patient et son état mélancolique ; celle-ci n'étant pas la cause de sa dépression, c'est donc vers le terrain biologique qu'il faut la chercher.

Cette hypothèse est difficile à admettre pour le déprimé. En effet, les signes habituels de la dépression exagèrent un état que chacun connaît : tristesse, indifférence, culpabilité, etc., contrairement aux autres maladies mentales dont les symptômes n'existent pas dans la vie courante (délires, hallucinations). Dans la dépression réactionnelle (la plus courante), ces « exagérations » sont en rapport avec la situation du déprimé ; elles découlent d'un stress ou d'un traumatisme quelconque. On peut imaginer la difficulté pour le déprimé d'admettre que ses symptômes ne sont dus à aucun événement précis.

Les psychanalystes considèrent que la dépression plonge ses racines dans les traumatismes de la petite enfance. La neurobiologie permet-elle de fonder scientifiquement cette intuition ? Selon certains travaux, un stress important durant cette période abaisserait le seuil de résistance à la dépression en activant de façon permanente les neurones libérant l'hormone corticotrope (CRF), que l'on retrouve en excès dans le liquide céphalo-rachidien des personnes dépressives. Quand cette hyperactivité persiste avec l'âge, les neurones, sensibilisés, réagissent exagérément, même à des traumatismes mineurs. Pour démontrer cette hypothèse, des expériences ont été faites sur des rats, par l'équipe de

Charles Nemeroff notamment, qui dirige le département de psychiatrie et des sciences du comportement à la faculté de médecine de l'université d'Emory, aux États-Unis.

Des rats nouveau-nés ont été séparés de leur mère pendant de brèves périodes au cours des trois premières semaines de leur vie, puis laissés libres de rejoindre le groupe. À leur maturité, les rats qui avaient été privés de soins maternels présentaient une augmentation permanente du taux de CRF et leur comportement se rapprochait de celui des humains déprimés. Une expérience similaire a été menée chez des macaques, plus proches de l'homme que les rats, et les résultats ont été confirmés. Pendant les trois premiers mois de leur vie, on les a placés avec leur mère dans des cages où la nourriture était aléatoirement abondante ou rare. Cela rendait les mères si anxieuses qu'elles négligeaient leurs petits. Les jeunes devenaient alors peu actifs, évitaient les contacts avec d'autres singes et se figeaient dès qu'ils rencontraient une situation nouvelle. À l'âge adulte, la concentration de CRF dans leur liquide céphalo-rachidien était anormalement élevée.

Selon Nemeroff, ces résultats soulèvent plusieurs questions de santé publique. « *En France, en 1995,* explique-t-il, *près de soixante-cinq mille enfants ont été déclarés comme ayant été maltraités ou négligés. Si l'on extrapole à l'homme les résultats obtenus chez l'animal, la maltraitance ou la négligence modifieraient irréversiblement le cerveau en développement, de sorte qu'à l'âge adulte, la production de CRF et la sensibilité à cette hormone augmentant, les risques de dépression seraient majorés.* »

Les troubles du sommeil, qui représentent une des conséquences les plus courantes et pénibles de la dépression, font d'ailleurs partie, à ce titre, des neuf critères du DSM-IV. En reflétant un trouble de certains rythmes chronobiologiques, ils pourraient également constituer partiellement le terrain prédisposant.

Notre vie est soumise aux rythmes de la nature : le jour, la nuit, les saisons. Le rythme veille-sommeil – dit rythme circadien – se déroule sur environ vingt-quatre heures. La température corporelle s'y adapte, limitant la sécrétion de certains produits en fonction des besoins de l'organisme.

Dans la dépression, ces rythmes semblent perturbés : le malade se réveille le plus souvent au petit matin, c'est d'ailleurs durant cette période et au début de la matinée qu'il se sent le plus mal ; les accès dépressifs surviennent le plus souvent au printemps ou à l'automne. Ne dit-on pas que le printemps est la saison des suicides ?

Si l'on enregistre le sommeil des déprimés, on constate des réveils plus fréquents que dans la population normale, une diminution du sommeil lent profond et une augmentation du sommeil léger. Mais les anomalies les plus spécifiques portent sur le sommeil paradoxal, ainsi nommé parce qu'il associe une immobilité totale à un tracé électrique d'éveil et à des mouvements oculaires rapides. Apparemment, on dort, mais l'activité cérébrale est comparable à celle de l'état de veille. Les phases de sommeil paradoxal se répètent toutes les quatre-vingt-dix minutes au cours de la nuit, mais deviennent plus fréquentes et plus longues au fur et à mesure que la nuit avance.

Les troubles du sommeil paradoxal chez les déprimés s'expliqueraient par un décalage, une « avance de phase », du rythme circadien auquel il est lié. « *Tout se passe comme si le rythme des périodes de sommeil paradoxal se décalait de la fin vers le début de la nuit*, écrit Daniel Widlöcher. *Pour comprendre ce phénomène, il faut savoir que sommeil lent et sommeil paradoxal n'obéissent pas au même rythme. On connaît actuellement deux rythmes fondamentaux : le premier est le rythme veille-sommeil, il intéresse en réalité le sommeil lent ; le second intéresse le sommeil paradoxal dont le rythme est lié à celui de la température corporelle et de certaines sécrétions hormonales. Il y a donc indépendance, au niveau des rythmes intrinsèques, entre les deux formes de sommeil. Ils obéissent à deux régulateurs internes distincts. Or ces deux régulateurs n'ont pas la même force.»*

Les rythmes du sommeil paradoxal et de la température dépendent d'un régulateur fort, réglé non pas sur vingt-quatre mais sur vingt-cinq heures environ. Il ne se laisse pas facilement modifier, au contraire du sommeil lent associé au rythme veille-sommeil, plus malléable (comme on peut le constater dans le cas du décalage horaire, qui se rattrape tout compte fait assez rapidement).

Mais une question se pose: la dépression est-elle la cause ou la conséquence de cette anomalie du synchroniseur? Pour y répondre, on a effectué différentes expériences et constaté que si on avance de huit heures le moment de son coucher, l'état du déprimé s'améliore, mais pendant quinze jours seulement. De même, si l'on prive le déprimé de sommeil paradoxal, on observe une amélioration nette mais temporaire de son état. Ce qui tend seulement à prouver l'hypothèse qu'il existe un lien entre le sommeil et la dépression.

Les neurobiologistes, eux, expliquent les troubles de l'humeur par un mauvais fonctionnement de certains neurotransmetteurs (les substances chimiques qui véhiculent l'influx nerveux entre les neurones) du cerveau, les monoamines. La sérotonine, qui semble être un neurotransmetteur particulièrement important, serait impliquée dans la régulation du sommeil et de l'humeur. Si sa concentration baisse, l'humeur chute, puis le sommeil, l'appétit, l'activité, la parole, l'intellect, la mémoire, la confiance en soi et la libido. C'est alors qu'on se mettrait à ressasser des idées négatives: je n'aurais jamais dû faire comme ça, c'est de ma faute, ça n'ira plus jamais bien, tout le monde pense que je suis nul.

Ce lien entre monoamines et humeur a été découvert par hasard. Dans les années cinquante, des médecins ont remarqué qu'environ 15 % des personnes souffrant d'hypertension artérielle sombraient dans de graves dépressions quand elles étaient traitées par la Réserpine, un médicament qui présente la particularité de diminuer les concentrations de monoamines dans les neurones. Parallèlement, d'autres médecins observèrent qu'un des médicaments prescrits à des tuberculeux les rendait tout guillerets, malgré leur maladie. Or ce médicament avait pour effet indirect d'augmenter la concentration en monoamines. Formulant alors l'hypothèse que la dépression était liée à une baisse des concentrations cérébrales en monoamines, ils se mirent à rechercher des substances capables d'exercer l'effet inverse, d'augmenter la concentration en monoamines. C'est ainsi que l'on a mis au point les inhibiteurs de la monoamine oxydase (IMAO), une enzyme qui détruit les monoamines ; les premiers médicaments dits antidépresseurs.

Jusque-là, je suivais à peu près le raisonnement. Les premiers travaux (1976) semblaient suggérer qu'un faible taux de sérotonine peut avoir des conséquences sur le comportement des personnes, favorisant notamment des tendances suicidaires violentes, et/ou agressives, et/ou alcooliques d'un type particulier (précoce et associé à des comportements violents).

Mais il est évidemment difficile d'établir scientifiquement que les déprimés – ou les autres malades mentaux – souffrent d'un déséquilibre chimique cérébral puisque aucun test ne permet de mesurer directement la production de substances à l'intérieur d'un cerveau humain vivant. Quant aux analyses pratiquées sur des cerveaux de personnes suicidées, elles sont peu fiables car les éventuels traitements médicamenteux et le stress occasionné par le fait de se donner la mort peuvent modifier la chimie du cerveau.

Toutefois, plusieurs équipes de chercheurs ont tenté d'évaluer la production des neurotransmetteurs du cerveau par des moyens indirects en mesurant le taux de leurs produits de dégradation (métabolites) dans l'urine et le liquide céphalo-rachidien des personnes déprimées. Moins il y a de sérotonine dans le cerveau, plus la quantité de ses produits de dégradation doit être élevée. Or, on a constaté que le taux de sérotonine de la majorité des déprimés n'est pas supérieur à la normale. Néanmoins, puisqu'il existe de la sérotonine dans d'autres organes que le cerveau et que la moitié des métabolites de la sérotonine retrouvés dans l'urine ou le liquide céphalo-rachidien en proviennent, l'interprétation de ces résultats est sujette à caution.

Le taux de monoamines oxydases, lui, peut se mesurer dans les plaquettes du sang. Certains chercheurs affirment qu'il reflète la concentration de cette enzyme dans le cerveau, que les patients déprimés en comptent un taux anormalement élevé et que les antidépresseurs peuvent le normaliser. Or, d'une part, ces résultats n'ont pu être reproduits systématiquement, d'autre part, la concentration de cette enzyme, normale chez de nombreux déprimés, est élevée chez beaucoup de non-déprimés.

Cependant, il y a plus perturbant encore. D'autres facteurs peuvent modifier l'équilibre biochimique du cerveau. Le stress, par exemple. Maintes expériences tendent à prouver que l'exposition prolongée à des situations de stress peut aussi modifier durablement cet équilibre. Par exemple, des animaux soumis à des stress répétés présentent des réactions exagérées à une injection d'amphétamines, même si celle-ci est pratiquée plusieurs mois après, et restent par la suite plus sensibles au stress. On sait que le stress déclenche la sécrétion de certaines hormones de la glande surrénale, or selon des études récentes faites sur des animaux, il apparaîtrait qu'un excès de ces hormones peut détruire des neurones de l'hippocampe, une zone du cerveau impliquée dans la mémoire. Elliot Valenstein note que *« l'incroyable aptitude des êtres humains à se souvenir des événements traumatisants de leur passé peut grandement amplifier leur capacité à ressentir le stress de manière répétée, or beaucoup de malades mentaux semblent être en état de stress presque continu »*.

Conclusion : le stress entretiendrait le stress, qui favorise la dépression, et inversement.

Enfin, pour compliquer encore les choses, il se pourrait que les médicaments psychotropes produisent également des bouleversements biochimiques à long terme et même anatomiques dans le cerveau, si l'on en croit les expériences pratiquées par Terry Robinson et Bryan Kolb, deux biopsychologues américains, qui constatent un allongement des dendrites de certains neurones suite à des injections d'amphétamines. Ce qui repose la question des causes et des conséquences : les dérèglements observés sont-ils la cause de la maladie ou la conséquence du traitement de la maladie ?

Du point de vue de Valenstein, rien ne prouve que les troubles mentaux soient causés par un quelconque déséquilibre chimique ou structurel du cerveau, contrairement à ce qu'affirment la plupart des psychiatres que j'ai rencontrés.

Pour moi, une seule chose est sûre : plus j'avance, moins c'est clair.

9

Le bonheur en boîte

Je suis assez mal placée pour faire l'apologie des médicaments antidépresseurs car je fais partie des trente pour cent de déprimés pour lesquels ils n'exercent aucun effet thérapeutique. Pourtant, j'en ai absorbé des quantités affolantes, avec une obstination que seul explique le désir ardent que j'avais de guérir car les seuls effets qu'ils me provoquaient étaient « indésirables » – comme on peut le lire sur le mode d'emploi – et c'est le moins qu'on puisse dire.

La chimiothérapie est la seule vraie proposition thérapeutique qui m'ait été faite par les médecins que j'ai consultés – assortie d'une « thérapie de soutien », destinée à accompagner mais pas à soigner. Le protocole est pratiquement toujours le même : prescription d'une première famille d'antidépresseurs pendant un mois et anxiolytiques à la demande. Si, au bout de quinze jours-trois semaines, aucune amélioration n'est constatée, soit on augmente la dose du même antidépresseur soit on change de famille. Et ainsi de suite jusqu'à avoir essayé les trois grands groupes d'antidépresseurs (les tricycliques, les IMAO et les ISRS, dont je reparle un peu plus loin), en tâtonnant, à des doses différentes.

Au fur et à mesure que mon état empirait, on m'a rajouté des neuroleptiques, sans plus de succès, mais avec plus d'effets secondaires encore. Si trois semaines sont suffisantes pour constater l'effet d'un antidépresseur, on peut rapidement calculer qu'en moins de six mois j'aurais dû épuiser toutes les possibilités offertes par la chimiothérapie. Pourquoi m'avoir laissée sous antidépresseurs pendant plus de deux ans alors que la preuve était faite de leur inutilité ?

J'en suis arrivée à me poser la question : et si les antidépresseurs n'étaient qu'un leurre, une vaste escroquerie organisée par les laboratoires pharmaceutiques et relayée par le corps médical ? Cela expliquerait pourquoi, dans les hôpitaux psychiatriques, tous les déprimés sont sous antidépresseurs depuis des mois, parfois des années, sans que leur santé mentale s'en trouve améliorée. Une impression confortée par les divergences d'opinion sur le sujet des psychiatres et psychothérapeutes que j'ai interrogés au cours de mon enquête.

Je me suis donc mise à chercher des témoins, des déprimés qui s'en seraient sortis uniquement grâce aux médicaments. Alexis est de ceux-là.

C'est un très bel homme au regard bleu glacier, aux épais cheveux gris et bouclés. Il parle peu et semble presque renfermé, ce qui colle moins avec l'image du journaliste international – un métier qu'il exerce depuis vingt-cinq ans – qu'avec celle du passionné de montagne qu'il est. Il est marié depuis vingt-cinq ans également avec une femme qu'il adore et qui constitue son exact contraire, aussi souriante, ouverte et sociale qu'il l'est peu. Un couple complémentaire, exerçant le même métier, parents d'une fille de vingt-deux ans, beaucoup d'amis, assez d'argent. Pas de quoi déprimer en somme.

Alexis n'a pas vécu de grands traumatismes, ni dans sa jeunesse ni après. Comme beaucoup d'enfants, il s'est heurté à l'autorité de son père mais rien de plus. Enfin si, peut-être. Car son père était du type irréprochable, sévère mais juste, aussi exigeant envers les autres qu'envers lui-même. Un modèle en somme, difficile à égaler. Et justement, quoi qu'il fasse et bien qu'il soit un excellent journaliste reconnu par ses pairs, Alexis ne se trouve jamais tout à fait à la hauteur. C'est peut-être ce qui explique que chaque fois qu'il a une promotion dans son travail, il sombre dans la dépression. Mais, comme beaucoup d'hommes de son âge (cinquante-cinq ans), Alexis a une prévention contre les psy, si bien qu'il préfère attendre d'être au fond du trou pour se soigner. Il finit tout de même par aller consulter, mais à son corps défendant.

Lui et sa petite famille sont installés au Mexique depuis trois ans, quand son journal lui apprend qu'il vient d'obtenir le poste dont il rêve : chef du bureau de Rome. Tout le monde est content (surtout lui, qui supportait de plus en plus mal le Mexique) et se prépare à déménager. Alexis part se reposer un mois tout seul dans les Pyrénées avant d'attaquer.

« *Je me sentais bizarre, mélancolique, un peu las*, se souvient-il, *mais je mettais ça sur le compte de la fatigue après trois ans de boulot difficile à couvrir toute l'Amérique centrale*. »

Il sait qu'un défi l'attend : reprendre un bureau de douze personnes maltraitées par son prédécesseur.

Dès son arrivée à Rome, en juillet, par une chaleur torride, il sent que « tout se détraque » : « *Mon premier symptôme a été la difficulté de "paraître". Je n'avais envie de voir personne, envie de parler à personne. C'était comme si mes traits de caractère s'accentuaient. L'idée que j'allais devoir être chef et donc travailler en groupe me rendait malade. C'était un calvaire que d'aller le matin au bureau ; je savais qu'il me faudrait prendre des tas de décisions et ça me coûtait comme jamais, il faudrait aussi les faire accepter et donc argumenter ; c'était au-dessus de mes forces.* »

Au bout d'un mois, les cauchemars commencent – il se réveille à trois heures du matin sans parvenir à se rendormir : « *Je passais la nuit à ressasser les petits trucs minuscules de la journée : dans quel ordre j'allais prendre mes rendez-vous, ce que j'allais dire à Untel, etc. Au bout d'un moment tout devenait insurmontable, insoluble. Arrivé au bureau, je ne comprenais pas comment j'arrivais à tout régler en cinq minutes. J'en suis venu à penser au suicide. En fait, dès le premier mois, j'ai eu des idées suicidaires. Je me sentais un poids pour tout le monde et comme je n'avais pas envie de vivre, alors à quoi bon ?* »

Méfiant de nature vis-à-vis des médicaments, il ne prend des calmants que lorsqu'il n'en peut plus. Plus rien ne lui fait envie, plus rien non plus ne lui fait plaisir. Son seul soulagement, c'est les week-ends à la montagne où il peut s'isoler, enfin.

Pour sa femme et sa fille, le plus dur a été le silence. « *Pendant des mois, il n'a pas dit un mot à la maison, il ne répondait même pas aux questions, c'était à devenir fou* », m'ont-elles confié.

C'est finalement sa femme qui le convainc de se faire soigner. « *Je me rendais bien compte que je ne pouvais pas continuer comme ça, que j'étais malade. J'ai essayé de m'en sortir tout seul mais je n'y arrivais pas.* »

Il a accepté d'avaler les antidépresseurs et les anxiolytiques qui lui ont été prescrits ; pour ce qui est de la psychothérapie, il s'y est plié à contrecœur : « *D'abord, je n'aimais pas le bonhomme, et je n'en aurais aimé aucun car j'ai une prévention de base contre le fait de parler de moi. En plus, je devais m'allonger sur son divan !* »

Six mois plus tard, Alexis était sorti d'affaire. Lui qui m'avait affirmé au début de l'interview que les médicaments ne lui avaient fait aucun effet reconnaîtra par la suite avoir continué d'en prendre « pour finir les boîtes », même après avoir cessé de voir son psychiatre.

J'ai interviewé Alexis au début de mon enquête. À ce moment, il semblait convaincu que ce premier épisode serait aussi le dernier. Bien que très sensible au sujet – il évite, depuis, la compagnie des déprimés par peur de la « contagion » –, il disait avoir compris que son problème était lié à sa relation avec son père, et comme ce dernier venait de mourir…

Mais quelques mois plus tard, Alexis a eu une nouvelle promotion. Impossible de refuser – ce n'était pourtant pas l'envie qui lui en manquait. Quinze jours après, il ne dormait plus. Il a tenu un mois avant de reconnaître qu'il était déprimé. (Sa femme l'avait compris depuis longtemps.) Même scénario que la fois précédente. Ce qui ne l'a pas empêché de recommencer les mêmes erreurs. Refus de se soigner tout d'abord. Quelques Lexomil pour les nuits de trop grande insomnie et, pour le reste, silence radio. Au bout de deux mois, épuisé, il accepte de demander à son généraliste de lui prescrire du Prozac. Trois semaines plus tard, devant l'absence de résultats, il se décide à consulter un psychiatre qui lui prescrit le même antidépresseur que son confrère romain quelques années auparavant. En trois semaines, il est guéri. Aujourd'hui, Alexis part travailler sans rechigner, résout les problèmes sans difficultés, sourit, dort et reparle. Sa femme, consciente de ses difficultés à s'exprimer, lui avait demandé, durant sa dépression, de donner une note à ses journées en rentrant du travail : elles n'atteignaient jamais la moyenne. Après antidépresseurs, il attribue des notes supérieures à celles qu'il aurait données avant d'être malade.

Alexis est un cas d'école. Bernard en est un autre. Ce quadragénaire, père de trois enfants, cadre dans l'industrie pharmaceutique, a brutalement sombré dans la dépression à la suite d'un refus de promotion. Il avait postulé à un poste de direction mais son supérieur, plein de tact, lui a répondu qu'il était un excellent second et qu'il le resterait toujours, n'ayant pas les qualités requises pour accéder en haut de l'échelle.

Deux mois après, Bernard commence à ressentir les premiers symptômes mais tente de s'en sortir tout seul. Dix jours plus tard, il se sent tellement mal qu'il veut mourir ; il prend peur et file chez son médecin de famille. « *Un homme assez peu versé dans la psychiatrie* », précise-t-il pour expliquer que ce dernier se contente de lui prescrire un comprimé de Zoloft (antidépresseur) par jour, un autre de Xanax (anxiolytique) trois fois par jour et une semaine d'arrêt de travail, sans le moindre suivi médical. Il reprend donc son activité professionnelle et c'est la catastrophe. Incapable de travailler, Bernard consulte un autre généraliste qui le comprend d'autant mieux que sa femme s'est suicidée à la suite d'une dépression. Il le met immédiatement en arrêt maladie, triple ses doses de Zoloft et de Xanax et l'oriente vers un psychiatre. Au bout de quinze jours, ne constatant aucune amélioration, les deux médecins décident de passer à la vitesse supérieure : ils remplacent le Zoloft par de l'Anafranil (antidépresseur réputé plus puissant mais aux effets secondaires plus gênants), le Xanax par du Lexomil et ajoutent même du Largactyl (neuroleptique). En quinze jours, Bernard refait surface. Aujourd'hui, il se plaint des effets secondaires (bouche très sèche et impossibilité d'écrire tellement il tremble), mais il a retrouvé le moral et, pour lui, c'est l'essentiel.

Je n'ai pas eu beaucoup de mal à trouver des patients dont la dépression venait de commencer et qui réagissaient positivement aux antidépresseurs. Mais, au cours de mon enquête, j'ai compris que plus la dépression est ancienne, moins les antidépresseurs semblent efficaces. Quand je demandais aux psychiatres que j'interviewais de bien vouloir me présenter des patients qui auraient guéri d'une dépression grave et ancienne grâce aux antidépresseurs, ils me répondaient toujours affirmativement au début mais, au moment de me donner des noms, il y avait toujours un problème : celui-ci n'était pas que déprimé, celui-là prenait des antidépresseurs depuis cinq ans (c'est donc que ça ne marchait pas si bien), un autre encore avait subi des électrochocs…

J'ai, en revanche, constaté dans les hôpitaux ou dans les associations de patients notamment que la plupart de ces malades au long cours restaient des années sous antidépresseurs (tout comme je l'avais fait moi-même) contre toute logique – s'ils étaient toujours malades, c'est bien que les médicaments n'agissaient pas. J'ai évidemment incriminé les psychiatres et les laboratoires pharmaceutiques. Contrairement à ce qu'ils ont tendance à laisser croire, ces médicaments ne sont pas inoffensifs ; leurs effets secondaires sont pervers – ils empêchent la personne qui les subit d'avoir une vie active normale. Un inconvénient tolérable quand il y a bien un effet thérapeutique mais, à mon avis, insupportable dans le cas contraire. J'ai également pu constater que les malades s'accrochent à leurs antidépresseurs même quand ceux-ci ne fonctionnent pas ; c'est l'effet symbolique de la pilule miracle, me suis-je dit.

Marie n'est pas de mon avis. Bien que les antidépresseurs ne l'aient pas guérie, ils ont joué leur rôle, indispensable, *« en atténuant les symptômes les plus douloureux »* ; sans eux, elle se serait suicidée, affirme-t-elle. Ce qui explique qu'elle en ait consommé pendant plus de vingt ans...

Mais comment en est-on arrivé à imaginer pouvoir traiter la « folie » – comme on appelait autrefois toutes les formes de troubles mentaux – avec des médicaments ? Et qu'est-ce qu'un psychotrope ? Leur découverte est relativement récente puisqu'elle date des années cinquante, et l'on peut dire qu'elle a ouvert une nouvelle ère. Auparavant, les malades mentaux, qu'ils soient délirants, agressifs ou prostrés, étaient enfermés dans des asiles, coupés de leur entourage, isolés du monde, dans des conditions carcérales. S'ils se rebellaient, on leur posait la camisole de force ou on les calmait à coups de douches froides ; depuis la fin des années trente, les cas graves étaient traités aux électrochocs. C'est à cette époque qu'Henri Laborit, alors chirurgien militaire, a remarqué que la chlorpromazine, un antihistaminique qu'il donnait à ses malades pour atténuer le choc postopératoire, les plongeait dans une douce indifférence. Les psychiatres Pierre Denicker et Jean Delay l'essayèrent systématiquement à l'hôpital Sainte-Anne sur leurs malades agités et constatèrent non seulement qu'ils se calmaient, mais également que leurs hallucinations et leurs délires disparaissaient. Le premier neuroleptique était né. Dans les asiles, l'ambiance a changé du tout au tout. N'ayant plus peur des malades, les soignants se sont mis à communiquer avec eux, et les électrochocs se sont trouvés relégués – provisoirement, nous le verrons – au rayon des antiquités.

La science n'a commencé à comprendre les mécanismes cérébraux de la dépression qu'il y a une trentaine d'années, ce qui permet d'en mesurer la complexité. Avant cela, toutes les découvertes thérapeutiques ont été faites de manière empirique. Dans les années 1920, l'électrochoc avait été conçu à partir de la théorie erronée selon laquelle schizophrénie et épilepsie étaient antagonistes. De là à provoquer artificiellement des crises d'épilepsie, il n'y avait qu'un pas. Cette méthode se révéla peu efficace dans le traitement de la schizophrénie ; en revanche, elle soignait remarquablement les dépressions, particulièrement ses formes les plus graves.

Une quinzaine d'années après et en l'espace d'une décennie, c'est également par hasard que l'on a découvert les trois principales familles de psychotropes : les antidépresseurs (qui traitent l'humeur dépressive), les tranquillisants ou anxiolytiques (qui traitent l'anxiété) et les thymorégulateurs (qui régulent l'humeur des maniaco-dépressifs). Depuis, plus rien de fondamental.

Selon Édouard Zarifian, l'une des raisons de cette stérilité, malgré les efforts déployés, tient au fait que ce sont aujourd'hui des neurobiologistes qui sont chargés des recherches et non plus des cliniciens. Leurs protocoles sont stricts et interdisent d'essayer un médicament si l'on ne connaît pas à l'avance l'effet qu'il produira. Or, toutes les découvertes ont été faites par des praticiens qui se contentaient d'essayer et d'observer.

En 1957, alors qu'il étudie de nouveaux médicaments antiallergiques, le Dr Roland Kuhn essaie un cousin du Largactil, l'imipramine, sur des déprimés, parce qu'il ne fonctionnait pas comme prévu sur des agités et découvre ainsi le premier antidépresseur tricyclique.

La même année, Nathan Kline, un psychiatre américain, apprend par des collègues chirurgiens qu'un médicament antituberculeux – antibiotique donc –, l'iproniazide, rend les patients euphoriques. Il l'essaie aussitôt sur des déprimés et prouve ainsi l'efficacité d'une autre famille d'antidépresseurs : les inhibiteurs de la monoamine oxydase (IMAO).

Toujours à la même époque, les laboratoires Roche cherchent un sédatif qui n'endorme pas. Ils testent la chlordiazépoxide, commercialisée sous le nom de Librium, le premier anxiolytique de la famille des benzodiazépines.

Comment agissent ces médicaments ? Pour le comprendre, revenons brièvement sur le fonctionnement du cerveau. On sait qu'il envoie continuellement des messages par l'intermédiaire de milliards de neurones qui communiquent entre eux en libérant des neuromédiateurs (ou neurotransmetteurs). Ce serait l'épuisement de trois d'entre eux, appelés monoamines – la sérotonine, la noradrénaline et la dopamine –, qui provoquerait la dépression. Une thèse renforcée par la constatation qu'environ 15 % des hypertendus traités à la réserpine, un médicament antihypertenseur qui diminue les concentrations en monoamines dans les neurones, devenaient dépressifs.

Les trois grandes familles d'antidépresseurs sont les *IMAO*, les *tricycliques* et, les plus récents, les inhibiteurs sélectifs de la recapture de sérotonine, ou *ISRS*. Par des mécanismes différents, ils renforcent tous l'activité de la noradrénaline et de la sérotonine.

Il n'y a pas si longtemps (1987) que la fluoxétine, le premier ISRS, a fait son apparition sur le marché sous le nom de Prozac. Depuis, des millions de personnes à travers le monde (les estimations atteignent les trente millions !) l'utilisent, sans compter celles qui sont traitées par d'autres ISRS. Pourquoi un tel succès ? Ce n'est pas que le Prozac ait un effet antidépresseur supérieur aux autres, non ; c'est qu'il présente moins d'effets secondaires désagréables. Ce qui constitue un gros avantage car les patients sont ainsi moins tentés d'interrompre leur traitement. Il n'a pas d'effet anticholinergique, c'est-à-dire qu'il ne dessèche pas les muqueuses, ne provoque pas de baisse de tension, ni de palpitations ; en outre, il ne fait pas grossir et n'abrutit pas ; on peut même le prescrire aux personnes cardiaques pour qui les tricycliques sont contre-indiqués, par exemple. Il peut, exceptionnellement, provoquer une certaine agitation, des impatiences musculaires, des maux de tête et des nausées. C'est aussi un psychostimulant, ce qui explique que certaines personnes l'aient détourné de son indication thérapeutique originelle et l'utilisent – abusivement – comme « remontant ». Ils oublient pourtant un peu vite que, tout comme les autres antidépresseurs, il a une action néfaste sur la libido, avec cette particularité, comme le signale Édouard Zarifian, d'induire une justification mentale de cette baisse d'intérêt sexuel, fabriquant parfois ce qu'il appelle des « eunuques heureux ».

À quoi m'a rétorqué avec philosophie un ex-déprimé (traité au Prozac) : « *Quand on est au fond du trou, de toute façon, on ne songe guère à la gaudriole.* » Je peux en témoigner. Ce qui n'empêche que la solitude n'est pas forcément le meilleur remède à la dépression.

On ne peut nier que les effets secondaires soient l'inconvénient majeur des psychotropes en général. L'action thérapeutique des anxiolytiques est quasi immédiate, mais leurs effets secondaires, notamment la perte de mémoire, n'apparaissent qu'au fil des jours. Pour les antidépresseurs, c'est le contraire. Alors qu'il leur faut presque trois semaines pour produire leur action thérapeutique, certains de leurs effets secondaires, les plus physiques (sécheresse de la bouche, constipation, tremblements, nausées, etc.), se manifestent très rapidement. D'autres arrivent insidieusement, comme la baisse de la libido, la prise ou la perte de poids, le ralentissement intellectuel, les pertes de mémoire, les difficultés de concentration, etc. Comme certains de ces symptômes sont également ceux de la maladie, on ne sait plus très bien où l'on en est.

Aucun des médecins qui m'ont prescrit des antidépresseurs, des anxiolytiques, voire des neuroleptiques (aux effets secondaires beaucoup plus invalidants) ne s'est demandé si je serais capable de travailler après les avoir ingurgités. Aucun non plus ne m'a prévenue de leurs effets dévastateurs sur l'intellect, les réflexes et la coordination, à des doses massives. Tout au plus m'ont-ils parlé de bouche sèche et de constipation. Je venais pourtant de leur expliquer que je vivais seule au cinquième étage sans ascenseur, que je n'avais pas d'argent et que je n'avais droit à aucune aide sociale. Or, non seulement j'étais incapable d'aligner deux idées à la suite, mais j'avais même du mal à marcher droit dans la rue et à monter un escalier ; j'oubliais mon numéro de téléphone, ma date de naissance et parfois même mon adresse ! Aucun d'eux ne m'a interdit de conduire. J'ai ainsi complètement explosé la voiture d'un ami, en freinant trop tard sur une chaussée mouillée. D'après une enquête citée par Édouard Zarifian, *« les tranquillisants seraient associés dans un accident sur dix et, dans ces cas, la responsabilité de l'accidenté était engagée à cinquante pour cent des cas »*. Les déprimés consomment en outre souvent de l'alcool, qui amplifie l'effet sédatif de ces médicaments. Or, si l'alcool est interdit au volant, la loi française ne dit rien sur les psychotropes.

Un autre inconvénient commun à tous les antidépresseurs est qu'ils ont une action plus rapide sur l'inhibition psychomotrice, le « ralentissement », que sur la douleur morale. Il existe donc une période critique durant laquelle le patient continue de souffrir mais où plus rien ne le retient de mettre fin à ses jours puisqu'il est désinhibé. Daniel Widlöcher va même jusqu'à dire que *« les antidépresseurs sont particulièrement efficaces dans des formes où la fatigue ne s'accompagne pas de douleur morale, alors qu'ils sont sans effet si celle-ci ne s'accompagne pas d'une certaine inhibition »*. Pour lui, ce ne sont ni des euphorisants ni des analgésiques, mais des désinhibiteurs.

Le Dr Ismat Debesse se présente comme psychiatre pharmacologue, c'est-à-dire qu'il ne traite qu'avec des médicaments. Une spécialité assez rare en France (très courante aux États-Unis, où il a d'ailleurs fait une partie de ses études) car la plupart des psychiatres proposent une psychothérapie en plus des médicaments.

Il reçoit dans son cabinet privé du 16e arrondissement où les prix sont annoncés dans sa luxueuse salle d'attente – fort heureusement car il n'est pas à la portée de toutes les bourses. Grand, brun, l'œil de velours, la voix douce agrémentée d'une pointe d'accent étranger – il est beau comme une gravure de mode. Ce qui ne l'empêche pas d'être pointu dans son domaine et convaincu de l'efficacité de ses prescriptions. « *C'est une science presque exacte* », m'affirme-t-il.

Contrairement à la plupart de ses confrères qui essaient au hasard sur leurs malades, les unes après les autres, les grandes familles d'antidépresseurs, en espérant tomber sur la bonne molécule, lui considère que certains symptômes correspondent à un déséquilibre de chacun des trois grands neuromédiateurs : les sérotoninergiques auraient plus tendance aux idées noires et suicidaires, les noradrénergiques seraient plus figés et ralentis, tandis que les dopaminergiques seraient plus anxieux. À chacune de ces particularités correspondrait un groupe spécifique d'antidépresseurs.

Ismat Debesse est tellement convaincu de l'efficacité des produits qu'il prescrit que, pour lui, même leurs effets secondaires possèdent une vertu thérapeutique. On peut comprendre que la sédation, voire la somnolence, l'anxiolyse ou le relâchement musculaire puissent contribuer à détendre le malade et à lui faire prendre du recul, mais on n'imagine pas comment le fait d'avoir la bouche sèche, des baisses de tension ou des tremblements peut faire autre chose que le gêner.

« *Comment expliquer alors que les antidépresseurs de la première génération soient les plus efficaces alors qu'ils avaient les pires effets secondaires et que le Prozac, qui n'en a pratiquement pas, soit moins efficace ?* », réplique-t-il, imperturbable.

Il est difficile de prouver de manière objective l'efficacité d'un antidépresseur. Les scientifiques chargés de pratiquer des tests doivent, tout d'abord, diagnostiquer « l'épisode dépressif ». Ils se réfèrent pour cela aux symptômes répertoriés dans le DSM-IV (dont j'ai parlé dans le premier chapitre). Or, certains de ces symptômes (idées noires, troubles du sommeil, de la libido ou de l'appétit, etc.) pourraient tout aussi bien être dus à des états d'âme passagers, à une forme particulière de caractère, voire à d'autres maladies.

Jean-Claude Pénochet, de Montpellier, explique le problème qui se pose lors de ces tests d'efficacité :

« *Les patients sont sélectionnés à partir de leurs symptômes. Mais si leur dépression est bien d'intensité comparable, elle n'a pas forcément la même origine ni la même signification. Un vrai mélancolique peut côtoyer une femme qui fait une dépression réactionnelle à la suite de la mort de son mari, par exemple. Tous deux présenteront les symptômes typiques d'une dépression majeure : altération du sommeil, de l'appétit, de la libido, ralentissement psychomoteur ou le contraire, plus de goût à rien, idées noires voire suicidaires. On les mettra donc dans la même catégorie et, si l'un réagit positivement à l'antidépresseur testé, on étendra indûment l'indication de cet antidépresseur à l'ensemble des "dépressions majeures", qu'elles soient réactionnelles, névrotiques ou mélancoliques.* »

Il s'agit ensuite de ne pas mélanger les moyens thérapeutiques. Si le patient suit une psychothérapie en même temps qu'il absorbe des médicaments, comment savoir lequel des deux aura fonctionné ? Mais, d'un autre côté, est-il éthique de ne pas proposer de psychothérapie à une personne déprimée ?

Il s'agit également de ne pas mélanger les effets des divers médicaments. Les antidépresseurs étant souvent associés aux anxiolytiques, il est possible de confondre leurs effets. L'angoisse génère nombre de symptômes semblables à ceux de la dépression (troubles du sommeil, de l'appétit, du rythme, etc.). Sans compter l'effet placebo qui, dans le cas des médicaments psychotropes, peut atteindre 40 % !

Tous les médicaments ont un effet placebo qui oscille autour de 30 %. La conviction qu'une pilule ou une personne a le pouvoir de vous guérir peut suffire à faire disparaître les symptômes de votre maladie ; ainsi s'expliqueraient les miracles de Lourdes ou le « pouvoir » des sorciers dans certains pays d'Afrique.

Édouard Zarifian le précise bien, « *l'amélioration sous traitement n'est jamais due exclusivement aux effets pharmacologiques. On sait que toute administration d'une substance destinée à guérir et présentée comme telle entraîne en général jusqu'à 30 % d'amélioration quelle que soit la pathologie traitée. Une action thérapeutique est la somme de l'effet pharmacologique du médicament, de l'effet placebo et de l'effet de l'environnement. Dans les dépressions les plus sévères, le placebo améliore de 30 à 40 % des malades, et les antidépresseurs les plus efficaces de 60 à 70 %. On voit que l'effet pharmacologique pur est de l'ordre de 30 %.* »

Quand j'ai demandé à Jean-Claude Pénochet, de Montpellier, s'il pensait que les antidépresseurs pouvaient guérir la dépression, sa réponse a commencé par un « probablement » évasif… avant de reconnaître qu'il n'y croyait pas beaucoup :

— Mais vous en donnez à vos malades hospitalisés, non ?

— Oui, bien sûr, j'ai d'ailleurs été étonné en consultant les statistiques de mon unité car je pensais qu'une minorité d'entre eux en recevait. En fait, ce jour-là, ils en prenaient tous !

— Alors, pourquoi ?

— Les patients sont très souvent demandeurs et attachés à la prise de l'antidépresseur qui représente pour eux une bouée de sauvetage. Mais je dois reconnaître également qu'il est difficile d'échapper aux stratégies marketing de l'industrie pharmaceutique, dans un domaine où la littérature scientifique n'apporte pas de preuves indiscutables et se révèle même souvent contradictoire. Dans le doute, nous ne prenons pas le risque de passer à côté d'une chance pour le patient. Schématiquement, on peut dire qu'en dehors de la dépression, de la psychose maniaco-dépressive et des différentes formes de mélancolie, il est impossible de prédire l'efficacité d'un antidépresseur; c'est pourquoi on a tendance à les essayer les uns après les autres.

— Mais si votre femme faisait une grave dépression, vous lui en donneriez ?

— Je ne pense pas, m'avoua-t-il avec un sourire presque surpris, sauf, bien sûr, si elle faisait une dépression mélancolique ; je lui chercherais plutôt un bon psy !

Une fois la dépression terminée – car elle se termine forcément un jour ou l'autre, avec ou sans médicaments, il ne faut pas l'oublier –, certains patients ont du mal à vivre sans cette « béquille chimique », surtout quand elle a peu d'effets secondaires, par peur d'une rechute ou pour ne pas perdre l'effet stimulant.

Les laboratoires pharmaceutiques poussent dans ce sens évidemment, confortés par des études comme celle de la Collaborative Study of the Psychobiology of Depression, qui affirme que dix ans après la fin d'un épisode dépressif, il y aurait 75 % de rechutes et que plus le nombre d'épisodes antérieurs est grand, plus le risque de rechute le serait aussi. Ils préconisent donc de prolonger le traitement de trois à cinq ans dans les cas de dépression majeure récidivante, voire de le conserver à vie. Par prudence, certains médecins préfèrent suivre leur conseil et prescrire à tout va. Quant aux malades, terrorisés par l'éventualité d'une rechute, on n'a pas de mal à les convaincre. Si, pour ma part, j'ai voulu me donner une chance d'appartenir aux 25 % de non-récidivistes, c'est que les effets secondaires du traitement me semblaient incompatibles avec une vie professionnelle et sociale normale : j'en étais arrivée à ne plus pouvoir articuler une phrase entière sans bégayer ! Je me suis donc sevrée au plus vite et, pour l'instant, sept ans après, je n'ai toujours pas rechuté. Évidemment, cela me rassure, mais seul l'avenir me dira si j'ai eu raison.

Paradoxalement, c'est probablement le traitement qui a la plus mauvaise réputation, celui qui évoque les pires images dans l'esprit des gens et qu'on explique le moins, qui se révèle le plus efficace dans les cas de dépression sévère. On ne sait en effet pas exactement pourquoi quelques séances de sismothérapie (le nom savant des électrochocs) peuvent transformer radicalement et immédiatement l'humeur du plus déprimé des déprimés. C'est assez ironique quand on songe qu'il existe des théories très sophistiquées sur le mécanisme d'action des antidépresseurs alors que ceux-ci ne sont efficaces que de manière assez aléatoire.

Ainsi, quand mon psychiatre tétraplégique – qui ne pouvait me recevoir parce qu'il partait en vacances – m'a suggéré d'aller me faire faire des électrochocs, je me suis dit qu'il ne me manquait plus que ça. Pourquoi pas le supplice de la roue aussi ? Pour moi, c'était une forme de torture à l'électricité qui laissait les gens à moitié ou tout à fait gâteux. Le seul exemple que j'en avais était extrait du film *Vol au-dessus d'un nid de coucous*, c'est vous dire ! L'étape suivante, pour Jack Nicholson, c'était la lobotomie... Alors, comme mon entourage n'était pas très chaud non plus, je me suis dégonflée. Aujourd'hui, je me dis que j'ai sans doute eu tort.

C'est en écrivant ce livre que j'ai changé d'avis. Toutes les études concordent : quand tout le reste a échoué, les électrochocs sont efficaces dans 80 à 90 % des cas. Et, à l'inverse de ce qui se passe pour les médicaments ou les psychothérapies, le consensus dans la profession est quasiment total : à une ou deux préventions près (quant aux effets secondaires), aucun des nombreux psychiatres, psychanalystes et psychologues que j'ai rencontrés au cours de mon enquête n'a contesté le fait que les résultats sont souvent miraculeux.

Si Mme J. est, à soixante-quinze ans, une femme heureuse, elle le doit en partie aux électrochocs. Mère de trois enfants et sept fois grand-mère, cette forte femme au regard doré, à la voix profonde et sensuellement éraillée des grandes fumeuses, est consciente d'avoir eu une vie particulièrement facile et agréable. Après cinquante ans de mariage, son mari est toujours amoureux comme au premier jour – et cela se voit.

L'argent n'a jamais été un problème pour eux et ils en possèdent suffisamment pour jouir d'une retraite plus que confortable. Mais à l'âge où d'autres la prennent, cette retraite, Mme J. a brutalement sombré dans une dépression catatonique, qui a duré près de dix ans : « *Je n'avais aucune raison d'être déprimée. D'ailleurs je ne souffrais pas vraiment*, se souvient-elle, *je n'étais même pas triste, j'étais indifférente, amorphe. Mon mari en a probablement plus souffert que moi.*

« *Il fallait insister pour qu'elle se lave, pour qu'elle mange*, précise ce dernier, *c'était désespérant, d'autant que, comme vous pouvez le constater, c'est une femme très énergique.* »

Difficile à croire, en effet.

Les médicaments n'avaient pas d'effet thérapeutique sur elle, mais elle en subissait les effets secondaires. Au sortir d'un séjour de quinze jours à l'hôpital, elle ne pouvait même plus marcher à cause du traitement. Après des années d'errance de clinique en hôpital, elle a fini par accepter la dernière solution qu'on lui proposait : les électrochocs. Le résultat a été prodigieux, bien qu'encore une fois elle ait dû supporter des effets secondaires pénibles.

« *Ça a été épouvantable*, avoue-t-elle. *D'ailleurs je devais faire dix séances et j'ai dû m'arrêter à neuf. En sortant de la salle, je vomissais sans arrêt, pendant deux heures je n'ai pas pu marcher, j'étais une loque ; le médecin m'a dit qu'il était très exceptionnel de réagir si mal.* »

Pendant les six mois qui ont suivi, elle a « *couru après sa mémoire* » comme elle dit ; elle oubliait les chiffres, les noms, l'endroit où elle avait mis les choses. C'est revenu petit à petit et elle a pu rejouer au bridge.

Aujourd'hui, Mme J. s'estime tout à fait guérie. Quand, deux ou trois ans après sa dépression, elle a eu l'impression de faire une rechute, craignant de devoir repasser par les électrochocs, elle a pris des antidépresseurs et, cette fois, il lui a semblé qu'ils agissaient. Depuis, pas question de les abandonner malgré les injonctions de son médecin traitant. Il lui reste l'insomnie – séquelle habituelle des dépressions – qu'elle soigne à coups de biscuits. *« Évidemment, ça fait un peu grossir et puis je m'endors quand mon mari se réveille, mais on s'y habitue »*, lance-t-elle, philosophe.

L'histoire de Pierre est tout aussi concluante, même si la suite est plus inquiétante. Les yeux perdus derrière de grosses lunettes, le dos voûté, il se déplace lentement et son visage ne s'illumine que lorsqu'il sourit. Il a aujourd'hui soixante-quatorze ans et vit depuis vingt-cinq ans sous la menace de la dépression. Cet ancien chef d'entreprise était aussi un grand sportif, hyperdisciplinée – il ne partait à son bureau (à vélo par tous les temps) qu'après avoir fait une heure de gymnastique et une heure d'anglais. Minutieux, travailleur, il a eu sa première dépression à cinquante ans. Elle a changé son caractère. Il est devenu le contraire de ce qu'il était : ralenti, toujours fatigué, l'esprit embrumé, la mémoire en lambeaux…

Aucun stress ni traumatisme particulier n'a permis d'expliquer la survenue de la maladie, mais il semble exister une forte composante dépressive génétique dans la famille. La moitié de ses six frères et sœurs sont déprimés (l'un d'eux a même tenté de se suicider) ainsi que leur père.

Soigné à Sainte-Anne, il a essayé tous les antidépresseurs qui existaient sur le marché à cette époque, sans résultat. Son psychiatre a fini par lui proposer une série d'électrochocs. La guérison a été spectaculaire. Curieusement, comme cela arrive souvent aujourd'hui (mais pas il y a vingt ans), malgré sa guérison, et bien qu'elle ne soit pas due aux médicaments, on lui a prescrit des antidépresseurs à vie. Typiquement, par crainte d'une rechute, il a obtempéré sans rechigner et même entrepris (à reculons) une analyse qui a duré trois ans.

Sa première grosse récidive a eu lieu il y a deux ans à la suite d'un traumatisme crânien dû à une chute dans un escalier. Sa vue s'est dégradée brutalement (il est atteint d'une maladie génétique des yeux) et il a resombré dans la dépression. Les nouveaux traitements médicamenteux ne lui ayant pas fait plus d'effet que les anciens, il s'est résolu à une nouvelle série d'électrochocs, et le miracle a eu lieu de nouveau.

Mais, plus tard, on lui a découvert un début de maladie d'Alzheimer. Le diagnostic de cette affection est difficile à établir quand elle est associée à la dépression (ce qui arrive assez souvent), car toutes les deux ont des symptômes en commun comme les troubles de la mémoire, la confusion mentale ou l'épuisement. Au fur et à mesure qu'elles évoluent, il est également difficile de savoir à laquelle attribuer l'état du malade. Malgré la cécité qui le gagne, Pierre avait pourtant conservé une humeur à peu près stable jusqu'à il y a quelques mois quand soudain, sans raison apparente, tout s'est dégradé une fois de plus.

Ce sont peut-être les circonstances de l'invention des électrochocs qui expliquent en partie leur mauvaise réputation. Au début des années trente, on avait remarqué que certains alcooliques (qui représentaient la moitié des patients des asiles), à la fois dépressifs et épileptiques (une complication fréquente de l'alcoolisme), présentaient une nette amélioration de l'humeur après les crises. On a donc cherché à imiter les effets d'une attaque d'épilepsie, d'abord avec des substances chimiques, comme le camphre, ou gazeuses. Les effets secondaires étaient effroyables et les résultats très aléatoires. Cependant, l'idée semblait bonne : le premier patient sur lequel a été tenté ce « pharmacochoc » ne bougeait pratiquement plus depuis trois ou quatre ans. Dès la première séance, il n'était plus catatonique ; à la troisième, il a pu parler et recommencer à se nourrir alors que, jusque-là, il était alimenté à l'entonnoir.

Ce sont deux psychiatres italiens qui, en 1938, sous Mussolini, ont eu l'idée de déclencher artificiellement une crise d'épilepsie en faisant passer un courant électrique entre les deux tempes. L'électricité a toujours fait peur et je ne peux m'empêcher de penser que, dans l'imaginaire populaire, elle ait été associée au fascisme ;

l'amalgame était aisé… Outre son aspect « diabolique », cette technique révolutionnaire était attaquée comme telle, puisqu'elle postulait l'impostulable : que l'on pouvait guérir ce que l'on appelait à l'époque la « démence précoce », laquelle englobait la plupart des troubles psychiques. Elle obligeait à reconsidérer complètement le statut du malade mental que la société avait commodément relégué au rang de sous-homme.

Pourtant, selon le Dr Carvalho, de l'hôpital Sainte-Anne, un jeune médecin qui parle avec autant d'enthousiasme de son sujet que mon petit neveu de ses jeux vidéo, *« le courant électrique est sans danger, sûr et très commode pour le praticien et pour le patient »*. En 1938, l'anesthésie n'existait pas (elle arrivera en 1946), *« mais cela n'avait pas d'importance car les crises d'épilepsie produisent une amnésie totale, il n'y a donc aucune conscience de souffrance physique »*, précise-t-il. *« Durant l'électrochoc, on a des mouvements tonico-cloniques – on se raidit –, puis des mouvements convulsifs au cours desquels on risque de se mordre la langue ou de se casser les dents. C'est pourquoi on a introduit l'anesthésie. Pas à cause de la douleur, mais pour pouvoir utiliser le curare, qui est un myorelaxant. Comme il paralyse les muscles, notamment ceux du thorax, on a l'impression très angoissante de ne plus pouvoir respirer. C'est pourquoi on endort le patient pendant environ deux minutes. D'où le nom de narcose parfois utilisé pour désigner les électrochocs. Mais le nom officiel est électroconvulsivothérapie (ECT) ou électrostimulation cérébrale. »*

Néanmoins, il fut un temps, pas si lointain, où cette pratique était tout de même assez barbare dans son application. Sylvia Plath raconte comment on lui a fait un électrochoc, sans son consentement et sans anesthésie, dans le cabinet d'un psychiatre, au début des années cinquante :

> *« Le docteur Gordon déverrouillait le placard. Il en a sorti une table à roulettes chargée d'un appareil*

qu'il a poussé derrière la tête du lit. L'infirmière a commencé à me frotter les tempes avec une graisse à l'odeur insistante.
"T'inquiète pas, me disait-elle en souriant, la première fois, tout le monde crève de frousse !"
Le docteur Gordon fixait deux plaques de métal de chaque côté de ma tête. Il les a maintenues en place avec des attaches qui me sciaient le front, puis il m'a donné un fil métallique à mordre.
J'ai fermé les yeux.
Il s'est produit un bref silence, comme un souffle intérieur.
Puis quelque chose s'est abaissé pour m'emporter et m'a secouée comme si c'était la fin du monde. Wheeeeeee-ee-ee-ee-ee, cela me vrillait à l'intérieur comme dans un espace parcouru d'éclairs bleus, et, à chaque éclair, de grandes secousses me rossaient jusqu'à ce que je sente mes os se briser et la sève me fuir comme celle d'une plante sectionnée.
Je me suis demandé quelle chose terrible j'avais bien pu commettre. »

Les temps ont changé. En décembre 1998, on a même assisté à une séance d'électrochocs lors d'une émission à la télévision. C'était étonnamment bénin. Une petite secousse, rien de plus. Ce qui n'empêche pas les accidents, comme lors de tout acte médical, mais ils sont rares.

Cependant, et quoi qu'en disent les psychiatres qui les pratiquent, certains patients m'ont signalé des effets secondaires, notamment sur la mémoire, plus importants que ceux officiellement reconnus. Ainsi, Mme V. a oublié toutes les années de la petite enfance de sa fille. Quant à Mme R., ce sont ses meilleurs souvenirs qui ont disparu ; et comme ils n'étaient pas nombreux… Mais il est vrai que ces cas sont heureusement très exceptionnels.

À Sainte-Anne, certains malades ont subi des centaines d'électrochocs tout au long de leur vie. Ils leur ont permis de survivre, mais il est évident qu'à la longue les effets secondaires deviennent prédominants.

Bien que les électrochocs soient d'une grande efficacité, leur inconvénient majeur est qu'ils induisent des troubles de la mémoire immédiate ou rétrograde. Réversibles dans l'immense majorité des cas, ils n'en restent pas moins traumatisants.

C'est pourquoi on a imaginé une autre méthode, la stimulation magnétique transcrânienne, qui induit un courant électrique de très faible intensité au niveau des neurones eux-mêmes par l'intermédiaire d'un champ magnétique. Au stade expérimental dans de nombreux pays, l'appareil utilisé n'est pas encore homologué en France mais la technique est à l'étude, à l'hôpital Sainte-Anne notamment.

L'idée est venue du fait qu'au cours des électrochocs plus de 80 % de l'énergie électrique se perd, car la boîte crânienne disperse cette énergie de manière extrêmement variable d'un individu à l'autre. Ce qui explique qu'il faille administrer à certains malades jusqu'à dix fois plus de stimulus qu'à d'autres. En outre, les ECT sont très approximatifs *(« un éléphant dans un magasin de porcelaine »,* comme dit le Dr Carvalho) ; le champ magnétique peut, lui, tel un rayon laser, être dirigé sur une cible : certaines structures cérébrales (limbiques par exemple, ou le lobe frontal) impliquées dans l'hypothèse biologique de la dépression.

Voilà qui résume à peu près l'attirail thérapeutique dont on dispose aujourd'hui pour traiter la dépression. Aucune méthode n'est parfaite mais toutes peuvent fonctionner, selon les patients bien entendu. Aucune n'est à recommander plus qu'une autre. En la matière, les *a priori* philosophiques sont à bannir au profit de l'efficacité ; le pire étant de ne rien faire car, il ne faut pas l'oublier, il s'agit là d'une maladie mortelle. Mais les traitements pharmacologiques (antidépresseurs) ou sismographiques (électrochocs) ne traitent que les symptômes

– ce qui est déjà beaucoup –, pas la cause de la maladie. Si vraiment aucune thérapie ne fonctionne, il faut garder en tête qu'un épisode dépressif s'arrête de lui-même, un jour ou l'autre ; cela permet de ne pas perdre espoir.

Et si l'épisode dépressif résulte d'une structure particulière de la personnalité forgée par une histoire personnelle traumatisante, ce qui est le plus souvent le cas, seuls la réflexion, l'analyse, le retour sur soi-même permettront, une fois cet épisode terminé, d'éviter les rechutes et la « chronicisation » éventuelle de la maladie.

10

Les mots pour le dire

Les trois qualités indispensables, à mon avis, pour faire un bon psychothérapeute sont : la compétence, l'honnêteté et l'humanité. Après ma troisième tentative de suicide, j'ai pu, en une seule journée, toucher du doigt ce que cette profession peut donner quand elle est exercée par des gens à qui une ou plusieurs de ces qualités font défaut.

Après m'avoir administré les premiers soins, les pompiers m'avaient transportée aux urgences de l'Hôtel-Dieu. Là, ma mère et moi avons poireauté indéfiniment, assises dans le couloir. Je n'avais pas mangé depuis plusieurs jours, j'avais perdu beaucoup de sang et les médicaments me retournaient l'estomac ; autant dire que je n'étais pas fraîche. Pas fraîche, mais résignée, contrairement à ma mère qui s'agitait dans tous les sens, à bout de nerfs et d'angoisse. De temps en temps, elle parvenait à interpeller une infirmière au passage et lui faisait remarquer que j'étais mal en point.

À quoi on lui répondait systématiquement que je n'étais pas une urgence, qu'il fallait attendre son tour « comme tout le monde ». Ah bon…

Plusieurs heures après, mon tour est effectivement arrivé. On m'a recousu le poignet très proprement. J'ai dit merci et me suis dirigée vers la porte. *« Il faut voir le psychiatre ! »* m'a lancé l'interne. J'ai protesté ; répondre à toutes ces questions sur ma vie, pour la énième fois, à un étranger que je ne reverrais jamais, était au-dessus de mes forces.

Je n'ai pas pu y couper. La psy de service ce jour-là avait visiblement envie d'être ailleurs mais, femme de devoir, elle irait jusqu'au bout. La trentaine, rondouillarde, le cheveu rare, le visage fermé, elle me scrutait comme si elle allait lire sur ma personne la révélation de ma honte. Je n'avais vraiment rien à lui dire. Elle, était déterminée à me faire parler. J'ai fini par comprendre que si je ne lui répondais pas quelque chose, je n'étais pas près de rentrer chez moi. J'ai fait dans la sobriété, on peut l'imaginer (je n'avais toujours pas mangé), ce qui ne l'a pas empêchée, de sa voix délibérément posée, comme si elle s'adressait à un débile mental, de me faire la morale : « *Et votre fille, vous y avez pensé ?* » Le moment était merveilleusement choisi.

Quand je suis sortie, ma mère, décomposée d'inquiétude et de trois heures d'attente, se précipita vers elle pour lui demander ce qu'elle devait faire :

— Je ne vois pas ce que vous pourriez faire, madame.

— Vous ne lui donnez même pas une ordonnance ? s'étonna ma mère.

— Madame, nous savons vous et moi qu'elle va recommencer, alors à quoi bon ?

... Tourna les talons et s'éloigna devant ma mère, anéantie.

C'était le début de cette journée fatale pour l'image que j'avais tout à la fois de la psychiatrie, de la psychanalyse et de ceux qui l'appliquent.

En effet, si, en France, ces disciplines ont fini par se mélanger de manière insidieuse (après la retraite, de nombreux psychiatres comme Daniel Widlöcher finissent leur carrière comme analystes), c'est que la psychanalyse y occupe une place à part, au point d'être passée dans la culture générale. Elle constitue le bagage intellectuel commun d'une grande partie de la profession « psy » – presque tout le monde y accepte, comme allant de soi, l'existence de l'inconscient, la réalité du complexe d'Œdipe, l'importance de la sexualité et des traumatismes infantiles dans le développement de la personnalité et l'explication du comportement. Freud – et, dans une moindre mesure, Lacan – est considéré comme un grand savant à l'égal d'Einstein et de Darwin; un géant qui a éclairé d'un jour nouveau les profondeurs de l'âme humaine. La psychanalyse est devenue l'instance ultime vers laquelle on se tourne quand on est mal dans sa peau. Je suis toujours étonnée quand j'entends certains psychanalystes expliquer le plus sérieusement du monde que le but de la « cure » n'est pas de soulager la souffrance mais de permettre à l'analysant de se découvrir lui-même. Si, chemin faisant, ses symptômes s'atténuent, tant mieux pour lui. On comprend que la Sécurité sociale hésite à rembourser... De l'extérieur, l'analyse ressemble un peu à un parcours initiatique: le cabinet pas toujours signalé par une plaque, la figure hiératique et énigmatique du thérapeute derrière son bureau, qui parle peu, voire pas du tout, le divan, la solitude de la position allongée, les longues heures passées à « associer librement » ou à ne rien dire, l'argent échangé de la main à la main, souvent en liquide, censé faire partie de cette « cure » qui peut s'étaler sur huit, dix ou vingt ans, sans que personne y voie le moindre problème. Tout cela fascine et fait peur à la fois. D'autant qu'aux yeux du public il semble régner dans la profession « psy » une certaine confusion. Psychiatres, psychologues, psychothérapeutes, psychanalystes, comment s'y retrouver?

Les psychiatres peuvent pratiquer des psychothérapies alors que pratiquement rien dans le cursus universitaire de leur spécialité médicale ne les y prépare. Un infirmier psychiatrique allemand bénéficie d'une année de formation à la relation médecin-malade; le psychiatre français, lui, peut se lancer dans la carrière sans formation particulière.

Les psychologues font de la psychologie; les psychanalystes de la psychanalyse. S'il existe un diplôme de psychologie obligatoire pour exercer ce métier (comprenant une formation à la psychologie clinique et des stages dans les services hospitaliers de psychiatrie), les psychanalystes se forment entre eux au sein de leurs propres associations, selon leurs propres critères ; théoriquement, il suffit d'avoir fait soi-même une analyse pour pouvoir devenir psychanalyste. Mais cette spécialité n'étant pas remboursée par la Sécurité sociale, il n'existe pas de contrôles officiels – ce qui favorise les dérives. Les honoraires sont libres, au bon vouloir du praticien (comme cette psychiatre-psychothérapeute qui me demandait de bien vouloir « assumer » – ce qui, en jargon de psy, signifie renoncer à tout remboursement par la Sécurité sociale – les quatre cent cinquante francs que coûteraient chacune de mes séances à venir ; quand je lui ai répondu que mes revenus ne me le permettaient pas, elle m'a rétorqué : « *Si c'est remboursé, ce sera six cents francs !* »).

Un des principes freudiens érigés en dogme veut que toute séance soit due ; même si le patient a une bonne raison de ne pouvoir y assister, il doit la payer. Le thérapeute est le seul maître à bord ; il peut décider, comme Daniel Auteuil dans le film *Passage à l'acte* (dont le scénario est du psychanalyste Gérard Miller), que la séance va s'arrêter au bout de dix minutes – pour le même prix. Sa position même, installé derrière le patient, permet tous les dérapages. Une femme m'a raconté qu'au cours de sa huitième année d'analyse, lors d'une séance, elle s'est subitement retournée... et a surpris son thérapeute en train de lire un roman policier ! Son addiction était telle que cela ne l'a pas empêchée d'y retourner quand même. Faute de structures professionnelles efficaces, tout dépend donc de l'honnêteté de la personne.

J'étais comme tout le monde, fascinée, mais j'avais dépassé la peur depuis longtemps. C'est ce qui m'a poussée – prête à tout après plus d'un an de dépression – à insister lourdement auprès de mon nouveau psychiatre traitant pour que, en dépit de ses réticences, il me prenne en analyse. « *À vos risques et périls* », m'a-t-il prévenue. J'aurais dû l'écouter. Quelques séances plus tard... je me retrouvais à l'Hôtel-Dieu.

J'avais choisi ce psychiatre d'abord parce qu'il n'était pas trop cher (je n'avais pas de mutuelle), mais aussi parce qu'il était tétraplégique ; j'imaginais que, souffrant lui-même, il serait plus réceptif au malheur des autres. Naïve...

En sortant de l'hôpital, ma mère lui téléphone comme on appelle le Messie. Il commence par lui annoncer qu'il part en vacances (c'était le début du mois d'août) et ne peut nous recevoir. Paniquée, elle insiste. Il accepte de nous voir « cinq minutes ».

À peine arrivées, il nous réclame le paiement des séances du mois précédent. Je lui rappelle que je l'avais prévenu longtemps à l'avance du fait que je prenais mes « vacances » en juillet et que je ne pourrais donc pas venir aux séances. J'étais si mal que ma sœur, ne voulant pas me laisser seule, m'avait invitée à passer un mois avec elle et sa famille en Auvergne. Mon psy était pourtant bien placé pour savoir que j'étais incapable de travailler, que je ne touchais pas les allocations chômage, et que je n'avais donc pas d'argent. Si j'avais été seule, je serais partie en claquant la porte mais ma mère, qui est une femme très respectueuse des convenances, a immédiatement sorti son chéquier.

Le principe invoqué pour justifier les exigences en matière de paiement des séances est toujours le même : pour que la thérapie fonctionne, il faut que le patient la paie de sa poche, qu'elle lui coûte, littéralement. Certains insistent même pour être payés en liquide, non pas pour éviter de le déclarer au fisc comme vous pourriez le penser, mais parce que le symbole est plus fort. Mais oui ! Ce qui n'a pas empêché mon thérapeute d'empocher le chèque sans état d'âme, bien que Freud n'ait pas précisé si l'argent de la famille avait la même valeur symbolique... Dans l'état où elle était, ma mère ne s'est pas attardée sur la subtilité du détail, impatiente de poser la question qui la tourmentait : que faire maintenant ? Un peu exaspéré par son empressement, il lui a désigné ses valises du menton pour bien lui faire remarquer qu'il était sur le départ et lui a lancé qu'à la Salpêtrière on faisait très bien les électrochocs.

— Allez-y de ma part, ils vous recevront.

— Mais, docteur, ne pourriez-vous pas leur téléphoner maintenant ou me faire une lettre d'introduction ? balbutia ma mère.

— Vous voyez bien que je pars ! Au revoir mesdames.

Fin de la journée. Disons que je n'ai pas eu de chance.

J'aurais certainement préféré tomber sur quelqu'un comme Édouard Zarifian, qui m'a donné, en me parlant de son métier, l'idée de ce que pouvait être un « bon thérapeute » : « *Pour être psychiatre, il faut d'abord aimer les autres. Soigner, c'est une relation à deux. Quand on respecte le malade, qu'on lui fait confiance et qu'on le laisse libre, vous n'imaginez pas la rapidité des résultats.* » J'imagine.

« *Moi, je fais un pacte avec le patient. D'abord, je lui fais une promesse. Je lui dis : "Je ne vous laisserai jamais tomber, quoi qu'il arrive."*

« *Ensuite, je lui propose ce que j'appelle une "alliance avec un tiers". Il choisit, dans son entourage, une personne en qui il a toute confiance. Nous décidons ensemble de ce que nous lui dirons. Il est intolérable qu'un tiers puisse avoir une information concernant le patient sans que ce dernier soit au courant. Nous le faisons venir et je lui dis :*

« *"Cette personne que vous aimez est en train de vivre un drame qui s'appelle une dépression ; pour pouvoir l'aider, il vous faut comprendre ce que cela signifie." En général, j'utilise alors la métaphore du diaphragme de l'appareil photo : le cerveau a un diaphragme qui nous permet de communiquer avec l'extérieur en filtrant tout ce qui est pertinent pour notre vie. Quand on est déprimé, il se ferme. Rien ne sert alors de parler à la personne que vous aimez comme si elle était normale ("tu as tout pour être heureux", "secoue-toi"...), cela ne fait que renforcer sa culpabilité. Puis j'expose mon plan de bataille :*

« *"Je vais vous donner un traitement médicamenteux qui est indispensable, auquel je crois et qui a tels et tels effets primaires et secondaires. En effaçant certains de vos symptômes, il vous permettra de pouvoir recommuniquer avec l'extérieur et de reprendre la parole. En parallèle, je vous propose mon aide psychologique, que l'on appelle thérapie, et qui est tout aussi indispensable.* »

Si je trouve contestables certaines pratiques et attitudes, je suis la première à reconnaître qu'une analyse bien menée, avec un « bon thérapeute », peut transformer une vie. Il en fut ainsi pour Marie qui, grâce à un de ces miracles de la psychanalyse, a fini par « guérir » de sa terrible et interminable dépression. Dans le chapitre 3, elle en décrivait les épouvantables symptômes. On comprend mieux, après avoir lu ce qui suit, comment elle en était arrivée là.

C'est une – étonnamment jeune – femme de quarante-huit ans, au visage rond, incroyablement lisse, sans trace de maquillage, à l'abondante chevelure frisée blond vénitien, qui m'ouvre la porte de chez elle ce jour de printemps où je viens l'interviewer. Seuls le regard las et la voix blanche, un peu trop douce, trahissent le fait que sa vie n'a pas été si facile. Née en Tunisie de parents italiens, elle a le charme de ses deux mères patries.

Marie souffre depuis son enfance d'une dépression latente, qui donne l'impression d'être presque continue, mais non suicidaire. Cinq ans d'analyse lui ont permis de rêver en deux fois et en deux langues le souvenir traumatisant, situé dans une période de la vie où en principe on ne se souvient de rien (dix-huit mois), qu'elle identifie comme étant à l'origine de sa dépression : elle a assisté à l'avortement de sa mère. Enceinte par accident, cette dernière voulait garder l'enfant mais son mari s'y opposait. La petite Marie avait assisté aux nombreuses disputes qui les opposaient. L'avortement était illégal et la mère avait dû se résoudre à se faire poser une sonde. L'expulsion tardait à se déclencher et, par malchance, le jour fatidique, Marie se trouvait dans la pièce. Dans l'affolement, personne ne l'avait remarquée. Elle a tout vu, tout entendu : le sang, la douleur, les cris, le fœtus qui tombe sur le plancher et la grand-mère qui s'en saisit pour le jeter dans les toilettes... De la hauteur d'une petite fille d'un an et demi, autant dire grossi à la loupe. Pire qu'un film d'horreur. Elle s'est souvenue de tout, même de la couleur et de la forme de la jupe de sa mère ce jour-là. Consultée sur le sujet, cette dernière, ahurie et bouleversée, a confirmé le rêve de sa fille.

Marie explique comment s'est produite la « révélation » : « *C'était à la fin du mois d'août 1995. Je venais de passer trois mois en clinique psychiatrique, et mon médecin m'avait expliqué que, si je souffrais toujours autant, c'était que quelque chose avait dû se passer pendant la période dite archaïque, avant trois ans. Le seul moyen de m'en souvenir était de le rêver. Je me suis donc conditionnée pour le faire. C'était ça ou mourir. Une nuit, j'ai donc rêvé que nous étions à Tunis, ma ville natale, dans une de ces ruelles étroites de la ville arabe où j'ai passé mon enfance. Il faisait un temps magnifique, le ciel était bleu comme seul sait l'être le ciel d'Afrique. Dans la ruelle, il y avait deux étals recouverts de pains, des dizaines et des dizaines de grosses miches rondes, dorées, épaisses. Ma meilleure amie se trouvait là et regardait les pains avec envie. Soudain, en levant les yeux, elle a vu une jupe portefeuille en pain qui s'élevait dans le ciel. Elle l'a suivie du regard jusqu'à ce qu'elle disparaisse dans tout ce bleu. Alors elle a éprouvé un immense chagrin. Le ciel est devenu tout gris, triste et froid.*

« *Je me suis réveillée avec la conviction que les portes de mon inconscient venaient de s'ouvrir. Je savais que ce rêve était important mais j'avais beau le retourner dans tous les sens, je n'y comprenais rien. La seule évidence pour moi était que mon amie, c'était moi. J'ai passé la soirée à me creuser la tête. La seule chose qui me venait à l'esprit était que cette jupe en pain ressemblait à une âme qui s'envolait. Ce soir-là, je me suis endormie la tête peuplée de pains.*

« *Dans la nuit, j'ai fait un deuxième rêve. Il y avait trois petites filles âgées respectivement d'un an et demi, quatre ans et douze ans. Je savais qu'il s'agissait de moi. La plus jeune était couverte d'excréments de la tête aux pieds, la seconde en avait aussi sur elle mais un peu moins et la troisième en avait une grosse tache sur le nez, sur la narine droite (le côté du père, selon Freud). Elles se trouvaient dans une très grande salle remplie de monde et avaient l'air complètement perdu et apeuré; la plus âgée tentait de réconforter les deux autres. Soudain, dans l'embrasure de la porte, a surgi mon père. Son visage était déformé par un rictus affreux. On sentait en lui une détermination mauvaise. Il tenait sous son bras gauche une énorme miche de pain, la même que dans mon rêve précédent. De sa main droite, il y plantait un long couteau très effilé, puis il fourrageait dedans sans ménagement. Les fillettes le regardaient, tétanisées.*

« Je venais juste de me réveiller et, dans cet intervalle de demi-conscience, je me répétais à voix basse: pain, pain... quand soudain, je me suis mise à le dire dans ma langue maternelle: pane, pane, *PAS NÉ!!! Ce fut comme un éblouissement. Je me suis réveillée d'un coup, le cœur battant à tout rompre et me répétant inlassablement: pas né, pas né. Je n'ai pas eu besoin de réfléchir, je savais d'emblée. Non pas comme une vision mais comme une conviction intime. Jusqu'à mon dernier jour, je me souviendrai du 3 septembre 1995, cinq ans, jour pour jour, après avoir commencé mon analyse. L'expression "comme un voile qui se déchire" convient parfaitement. Brutalement, j'ai su précisément, intimement, exactement, ce qui s'est passé. J'ai pleuré pendant deux jours. De joie, de délivrance. Je n'ai ni mangé ni dormi. Je me répétais inlassablement: "C'est fini, c'est fini, le cauchemar est terminé, je vais enfin pouvoir vivre." Je faisais connaissance avec cette chose merveilleuse, lumineuse, immense qu'est l'espoir. Je me sentais miraculée. Je ne pense pas pouvoir un jour ressentir quelque chose d'aussi fort que ce jour-là. Pendant trois semaines j'ai déliré de bonheur. J'avais soif de tout, de voir, de sentir, de chanter, de me faire belle, d'aimer. Je naissais enfin. Sans cesser de me répéter: "C'est fini, merci mon Dieu..."*

« Mais après ces quelques semaines de bonheur absolu où j'ai touché le ciel, un matin noir, le plus noir de tous car je ne m'y attendais vraiment pas, tout m'est retombé dessus : la bulle, la bête... Après avoir touché le ciel, j'ai touché le fond. Je voulais mourir et rien d'autre. Pourquoi ne me suis-je pas suicidée ? Parce qu'il m'aurait fallu une énergie qui me faisait totalement défaut pour écrire la lettre d'explication et d'adieu à mon fils, ma lumière. J'étais anéantie. Je n'ai eu que la force de me laisser faire quand mon psychiatre m'a fait réhospitaliser... »

L'histoire de Marie est un cas d'école et, en cela, relativement exceptionnel. Toutefois, si elle a trouvé les racines de son mal grâce à la psychanalyse, le soulagement n'est venu qu'au fil du temps (elle a dû patienter quatre ans avant de pouvoir arrêter les antidépresseurs). En règle générale, aucun psychiatre ne recommandera à un déprimé en crise d'entreprendre une analyse. La recherche des traumatismes d'enfance qui sont à l'origine de la maladie risquerait de les lui faire revivre ; pour un écorché vif comme lui, cela peut être très difficile à supporter. En outre, comme le précise le psychiatre américain Francis Mondimore, « *on peut aggraver les choses en faisant trop porter sur le patient la responsabilité de l'amélioration de son état* ».

Mais ce ne sont pas les techniques qui manquent. Et, comme souvent, on gagne à regarder ce qui se passe ailleurs. Là, on constate que notre engouement pour la psychanalyse ressemble fort à une autre « exception française ». Ainsi, dans le monde anglo-saxon, elle n'occupe plus aucune place privilégiée. Les théories de Freud sont même considérées comme des curiosités historiques. Il existe bien des psychanalystes, mais on considère leur pratique comme relevant du « développement personnel ». Pour soigner, on préfère se tourner vers des méthodes au rapport qualité/prix plus fiable, qui assurent un résultat rapide et concret, comme la thérapie familiale, l'hypnose ericksonienne, les thérapies comportementales et cognitives (TCC), les thérapies brèves, etc. Elles privilégient la guérison des symptômes avant la compréhension de leurs raisons profondes et se révèlent efficaces dans le traitement des dépressions modérées et de leurs conséquences, ainsi que dans la prévention des rechutes.

Je cherchais un spécialiste des TCC, et mes pas m'ont guidée vers Christophe André, à l'hôpital Sainte-Anne. Grand brun placide, il ressemble à un jeune homme de quarante ans. Le contraire d'un frimeur. Pourquoi avoir choisi les thérapies courtes ? Après ses études, il a constaté la prépondérance écrasante de la psychanalyse et les abus que cela engendrait. Dans sa quête pour trouver une autre technique susceptible de fonctionner, il a découvert celle-ci.

La thérapie cognitive et comportementale considère la dépression comme le résultat d'attitudes négatives et de déformations dans la perception du monde. Elle se propose donc d'aider le patient à en prendre conscience et à changer son comportement actuel. Dans le cas de la dépression, elle part d'une constatation simple : les déprimés ont tendance, pour agir, à attendre d'en ressentir l'envie. Il s'agit donc de leur faire comprendre que c'est précisément leur maladie qui leur ôte toute envie et tout plaisir. C'est en agissant qu'ils ressentiront de nouveau des sensations. « *Il faut être très systématique,* explique Christophe André, *dresser une liste de toutes les tâches que le patient n'arrive pas à effectuer et lui proposer un plan de reprise progressive d'activité, avec des exercices à effectuer d'une séance sur l'autre. On est très directif, contrairement aux psychanalystes.* » Mais il reste lucide : « *Si, au bout d'une cinquantaine de séances, il n'y a pas d'amélioration, il faut arrêter. C'est que la technique ou le thérapeute ne fonctionne pas.* »

Les TCC se révèlent très utiles en cas d'attitude dépressive névrotique, c'est-à-dire quand un patient a tellement pris l'habitude d'être déprimé, pendant de si longues années, qu'il ne peut plus retrouver une attitude normale dans la vie, même quand son épisode dépressif est « techniquement » passé. « *Une fois qu'une maladie psychologique s'est mise en place, elle continue d'évoluer pour son propre compte* », explique Christophe André. (C'est probablement ce qui explique que Marie soit restée si longtemps déprimée après sa « révélation ».)

Il estime qu'en principe les TCC devraient pouvoir être utilisées dans les cas de dépressions majeures, mais cela nécessiterait un thérapeute très expérimenté et des séances longues et fréquentes. « *En France, sur la dizaine de thérapeutes qui répondraient aux critères, aucun ne serait assez disponible pour ça* », estime-t-il. L'utilisation de cette technique est, en effet, assez récente en France. Ainsi l'Association des TCC n'a vu le jour qu'en 1971 et ne compte que sept cents membres affiliés.

Il existe des dizaines de sortes de psychothérapies ; je ne les ai évidemment pas toutes testées. La psychothérapie de soutien est la plus courante. Tous les psychiatres consultés lors de ma dépression me l'ont proposée, probablement parce qu'elle n'est pas « dangereuse » et ne requiert pas, pour le thérapeute, de formation particulière. Elle consiste à écouter le patient raconter ses problèmes et sa souffrance et lui prodiguer réconfort et conseils, un peu comme le ferait un ami. Elle peut être utile à condition que patient et médecin soient en empathie, surtout si le patient est isolé.

Je vous raconterai plus loin mon expérience de l'hypnose ericksonienne. Cette technique a ceci de particulier qu'elle agit de manière indolore et surtout rapide. Elle soigne en particulier les maladies psychosomatiques (asthme, eczéma, colites, etc.), la douleur et certains troubles mentaux dont la dépression et leurs conséquences (insomnie, angoisses, phobies, etc.). Elle n'accorde pas grande importance à l'élucidation du problème du patient, ni à la connaissance approfondie de son passé et des événements qui seraient à l'origine de ses troubles actuels. L'orientation est faite de préférence sur le présent et le futur. Le passé est abordé en partant de la situation actuelle.

J'ai appris également que la psychothérapie peut aussi avoir lieu ailleurs qu'à l'intérieur d'un cabinet de consultation. Certaines phrases, prononcées au bon moment par la personne indiquée, peuvent également jouer un rôle thérapeutique décisif. Comme cela m'est arrivé en Argentine.

Antonieta Marquez, gynécologue, chirurgien et homéopathe, habitait près de chez moi. Nous étions devenues très proches après qu'elle m'eut guérie d'un certain nombre de troubles chroniques qui m'empoisonnaient la vie. C'était une petite femme blonde assez pète-sec, très animée, remarquablement intelligente et qui savait communiquer sa passion – en l'occurrence, l'homéopathie.

À cette époque, j'étais encore (plus de douze ans après) perturbée par la mort de mon père : je n'arrivais pas à me défaire de l'idée que, durant son agonie, s'il n'avait pas été muet, il m'aurait peut-être présenté ses excuses, voire plus. J'en faisais des cauchemars qui contribuaient à la mauvaise qualité de mon sommeil. Comme je lui en faisais mention pour la troisième fois lors d'une consultation, Antonieta m'a regardée droit dans les yeux et m'a dit d'une voix ferme : *« Catherine, ton père t'a maltraitée et mal aimée ; il était probablement incapable d'aimer qui que ce soit comme il faut et, s'il avait vécu, il ne t'aurait certainement rien dit de mieux. Alors, oublie-le ; tu as survécu sans lui pendant toutes ces années, tu n'as pas besoin de lui. »*

J'étais sonnée. Sur le moment, je l'ai trouvée cruelle et j'ai failli lui en vouloir. Mais le lendemain, je me suis sentie libérée – la page était définitivement tournée ; mon père ne m'a plus jamais tourmentée.

Au début de ce livre, j'ai parlé de Gérard Tixier, le psychiatre d'urgence qui m'a présenté Marie. J'étais tombée sur un article le concernant, illustré d'une photo le montrant sur sa moto, tel un Zorro de la psychiatrie, prêt à voler au secours du déprimé. Cette idée m'avait paru géniale. Je sais trop bien que c'est souvent au cours d'épisodes de douleur et d'angoisse violentes appelés « *raptus* anxieux » qu'ont lieu les tentatives de suicide. Une présence, qu'elle soit amicale ou, à défaut, professionnelle, peut alors tout changer.

Mais Gérard Tixier n'intervient pas seul, il appartient à une association à but non lucratif, **Urgences Psychiatrie**, créée en 1983 par le Dr Meunier, psychiatre à la clinique de Garches, dans le but d'éviter les tentatives de suicide ainsi que les hospitalisations arbitraires ou abusives de personnes âgées, en particulier.

L'idée d'origine était d'envoyer un psychiatre en urgence au domicile des personnes en détresse, comme l'aurait fait SOS Médecins.

À l'usage, il s'est révélé que ces déplacements n'étaient pas toujours nécessaires, les problèmes se dénouant parfois par téléphone. En 1986, ils fondent donc, dans les mêmes locaux, une association parallèle et complémentaire, **SOS Dépression**, destinée à répondre aux appels moins « urgents », mais toujours dans un but de prévention du suicide et de la violence.

Urgences Psychiatrie et SOS Dépression travaillent en étroite collaboration avec les pompiers, SOS Médecins (parce que les généralistes sont moins chers que les psychiatres), les urgences médicales, le Samu, les centres médico-psychologiques et les hôpitaux. Contrairement à SOS Suicide, ils sont interventionnistes : « *Si les gens ne veulent pas qu'on intervienne, ils ne donnent pas leurs coordonnées.* »

Le moins qu'on puisse dire de ces deux associations, c'est qu'elles ne dilapident pas leurs fonds dans le luxe. Situé au fond d'une cour d'un immeuble crasseux de l'avenue de Clichy, dans le 17e arrondissement de Paris, leur siège se réduit à un minuscule deux-pièces décati et encombré de téléphones qui ne cessent de sonner, de bureaux, de casques de moto et de restes de sandwichs sans âge traînant dans les coins. Ici, on travaille et ça se voit. Une équipe de quarante psychologues et quinze psychiatres répond aux huit cents appels mensuels d'Urgence Psychiatrie et aux mille deux cents de SOS Dépression, à tour de rôle vingt-quatre heures sur vingt-quatre. Si un quart d'entre eux sont bénévoles, ils ont tous au moins une licence en psychologie et, avant de prendre la ligne, ils suivent obligatoirement vingt heures de formation spécialisée. Par la suite, chaque mois, des cours dispensés par les psychiatres de l'association viendront compléter et affiner leurs connaissances. Tous les quinze jours, chacun participe à des groupes de parole dans lesquels on discute des cas rencontrés, confronte ses réactions et tente d'extérioriser ses tensions.

C'est Gérard Tixier qui m'ouvre ce soir de décembre. J'avais sonné en face; leur nom n'est même pas indiqué sur la porte. Une petite cinquantaine, cheveux gris mi-longs, ondulés, bague exotique au petit doigt, jean et col roulé, il n'a pas exactement le look du psychiatre classique. Pourtant, c'est éventuellement lui qui viendra vous tenir la main, vous prescrire des médicaments ou vous accompagner à l'hôpital ce soir, si la douleur ou l'angoisse est insupportable.

Il me présente leur directeur: un souriant et aimable jeune homme de vingt-cinq ans, queue-de-cheval, blouson de cuir. Xavier Boizard était étudiant en licence de psychologie il y a deux ans et demi, quand il est venu à l'association faire un stage. *« J'y ai beaucoup appris »*, constate-t-il sobrement pour expliquer qu'il y travaille aujourd'hui à plein temps tout en terminant sa maîtrise de psycho. Il coordonne le travail des « régulateurs », comme on appelle ici les « écoutants », et des médecins.

Ce soir, deux stagiaires répondent au téléphone. Elles n'ont guère plus de vingt ans. Je pense à ma fille et je n'ai pas envie qu'elle soit confrontée à ce qui va suivre. Pourtant, c'est avec beaucoup de professionnalisme que j'entends Marion – queue-de-cheval blonde, yeux bleus, sans maquillage, on dirait une gamine – discuter avec une Antillaise de trente-deux ans (appelons-la Hélène), arrivée récemment à Paris, sans travail, sans famille, sans amis et qui demande qu'on l'aide « à passer le cap ». En une demi-heure, Marion apprendra qu'Hélène a laissé au pays une mère psychopathe avec qui elle a coupé les ponts, qu'elle a très peur de devenir folle comme elle, qu'elle vient de découvrir qu'elle a été maltraitée dans son enfance, violée à l'adolescence, qu'elle suit des cours en première année de psychologie qui lui permettent de comprendre son problème (elle n'est capable de faire confiance à personne, fût-ce à un thérapeute), sans pour autant le résoudre. Pourtant, elle sait qu'elle en a besoin. Elle a souffert d'être une enfant précoce (surdouée même) non reconnue comme telle et argue du fait qu'il existe peu de spécialistes en la matière pour ne pas consulter.

À force de patience et de douceur, Marion parviendra à lui faire reconnaître que ce n'est qu'un prétexte et à la convaincre d'aller se faire soigner. *Happy end* pour cette fois. Marion est fière d'elle, ça fait plaisir à voir.

Mais l'appel suivant est une autre paire de manches:

— Allô! (une voix d'homme jeune, hésitante, peut-être alcoolisée) j'appelle parce que je viens de violer une femme...

Marion pâlit. Un long silence s'installe. Elle tente de poser des questions mais on sent bien que ça ne va pas. À l'autre bout du fil, l'homme répond par monosyllabes («*Je suis trop seul*», «*Je sais que c'est pas bien*»). Re-silence. On voit les images qui défilent dans sa tête... et dans la mienne. Finalement, elle craque et demande au Dr Tixier de prendre l'appel. En entendant une voix masculine, l'homme raccroche.

— Je ne peux pas parler avec un violeur, s'excuse Marion sobrement.

On en restera là pour ce soir. Les téléphones n'arrêtent pas de sonner, on n'a pas le temps de s'appesantir. Il vaut mieux parfois.

Gérard Tixier me raconte que la veille, les filles ont eu un pervers au bout du fil, un médecin, prétendait-il, qui leur a raconté que toute sa famille était morte. Elles se sont apitoyées, évidemment, et ont tenté de le consoler. À la fin, il leur a balancé: «*Il me manquait trois raisons pour me suicider, vous venez de me les donner, merci.*»

Et il a raccroché.

C'est quand le soir tombe que l'angoisse monte. Les appels se font de plus en plus durs au fur et à mesure que les heures passent. Le matin, ce sont plutôt des familles qui se renseignent pour un de leurs proches.

Selon les chiffres des deux associations, les femmes appellent en majorité (64 %). L'âge moyen des appelants se situe entre trente et quarante ans. 61 % d'entre eux ont déjà un suivi médical (55 % avec un psychiatre et 15 % avec un psychologue) et 53 % prennent un traitement médicamenteux. 63 % d'entre eux vivent seuls et 54 % sont chômeurs.

Les facteurs déclenchant l'appel sont en général dus à l'angoisse (56 % des cas). Viennent ensuite les conflits (18 %), les ruptures (15 %), les suicides (7,2 %) et les événements traumatisants tels les agressions, licenciements, etc. (4 %). De quoi faire, en somme.

Suicide Écoute est une autre association (apolitique et aconfessionnelle) qui se donne pour mission de répondre vingt-quatre heures sur vingt-quatre aux appels de personnes tentées par le suicide. Membre de Befriending International, la branche internationale des Samaritans anglais, elle en applique les principes de base : ne jamais porter de jugement moral, être humanitaire, solidaire, désintéressé, non directif et anonyme. Ses cinquante-huit écoutants bénévoles ne sont pas des psychologues. Ils bénéficient toutefois sur place d'une formation initiale et d'une formation continue obligatoire. Ils s'engagent à être présents au minimum quatre heures par semaine dans la journée et une nuit par mois. Le président de l'association, Pierre Satet, un très chaleureux retraité, regrette que leur petit budget (cent cinquante mille francs par an) ne leur permette pas de lancer de grandes campagnes de recrutement. « *Un bénévole dure environ deux ans et demi*, explique-t-il, *non qu'il se fatigue mais c'est la vie qui change : un enfant de plus, une mutation, une maladie... Si nous étions plus nombreux, nous pourrions répondre aux quarante mille appels que nous recevons tous les* *ans. Pour l'instant, nous n'en traitons que quatorze mille.* »

Denise est une ancienne kiné. Grande, brune, élégante, la voix très douce. On est étonné de la voir plier sa canne blanche. Elle a choisi de consacrer sa retraite à la lutte contre le suicide. Pour elle, l'expérience s'est révélée très enrichissante, mais certainement pas de tout repos. Elle se souvient que lors de sa première semaine d'écoute, alors qu'elle était encore en formation, elle a dû répondre à l'appel d'une jeune femme qui, ayant décidé de mourir, voulait parler à quelqu'un durant son agonie. La charte des befrienders stipule que les écoutants n'interviennent pas contre la volonté des appelants. L'anonymat empêche toute velléité de passer outre. Denise savait que les médicaments absorbés par cette jeune femme (elle lui avait révélé la composition du cocktail létal) allaient sans aucun doute la tuer. Elle est restée jusqu'au bout – et ce fut long. Dans Suicide Écoute, il y a « écoute ».

Comme je l'ai répété tout au long de ce livre, il est très difficile de communiquer quand on est déprimé. Cette maladie isole car ceux qui n'en ont pas souffert la comprennent et la supportent mal. C'est pourquoi il est parfois reposant de se retrouver entre soi. Certaines associations se sont formées afin de permettre aux malades de se réunir et pour leur apporter soit un accès à l'information, soit des activités adaptées à leur pathologie.

C'est le cas de **France Dépression**, une association relevant de la loi de 1901, dont le siège est situé dans les locaux du centre médico-psychologique du 15e arrondissement, près de l'hôpital Sainte-Anne. Fondée en 1992 à l'initiative de quelques patients et médecins dans le but d'informer les malades et leurs familles sur leur pathologie, les traitements qu'ils suivent, les progrès de la recherche, etc., et de leur apporter un soutien, elle compte aujourd'hui environ deux cent cinquante adhérents. Patricia Karen James, citée plusieurs fois dans le livre, qui fait partie des membres fondateurs, a été la première présidente de l'association. Contrairement aux autres associations de patients, France Dépression apporte une information médicalisée, grâce au personnel médical et paramédical qui la compose et au comité scientifique qui y participe, en donnant, notamment, trois ou quatre conférences par an dans l'amphithéâtre de Sainte-Anne. Elle publie également un bulletin d'informations.

Des réunions de patients, animées par une psychologue ou un médecin, ont lieu une fois par mois au siège. J'y suis allée un soir, accompagnée de Marie, histoire de tester un peu l'ambiance. Le Dr Attar-Lévy, psychiatre à Sainte-Anne et membre fondateur, devait animer la réunion mais elle est arrivée en retard. C'était une période de vacances scolaires et il n'y avait que cinq ou six personnes, assez âgées pour la plupart. Nous étions tous assis autour d'une grande table dans la salle de réunion. Les participants se sont mis à se donner des nouvelles de leurs maladies respectives, et j'ai vu Marie commencer à respirer difficilement – ça faisait un peu anciens combattants. Mais dès que le Dr Attar-Lévy est arrivé, l'ambiance a changé. Cette jolie petite femme brune, élégante, à la fois chaleureuse et compétente, prête à répondre avec sincérité à toutes les questions (même les plus personnelles) que nous lui avons posées, a été comme un rayon de soleil. Du coup, la conversation s'est animée, tout le monde participait ; Marie et moi en sommes sorties toutes revigorées.

Les psychothérapies, quelles qu'elles soient, ont chacune quelque chose à apporter au déprimé. La difficulté n'est pas tant de trouver celle qui lui convient que de rencontrer le bon thérapeute. C'est une loterie à laquelle on est condamné à jouer.

L'isolement constitue le lot du déprimé et alimente sa maladie. Or, la communication est ce qui lui fait le plus défaut. Il pense, souvent avec raison, que personne ne le comprend mais il est lui-même bien incapable d'expliquer ce qui lui arrive. C'est pourquoi les associations jouent un rôle unique. N'allez pas croire que des déprimés réunis ensemble vont se déprimer mutuellement. Au contraire. Ils peuvent enfin reprendre la parole, sachant qu'ils seront compris à demi-mot. Et un déprimé qui parle est sur la bonne voie.

11

Dans les bras de Morphée

Entre l'hypnose et moi, c'est une longue histoire. Durant des années, j'ai tout fait pour me faire « hypnotiser », sans jamais y parvenir. Non pas que je sois réfractaire, pire : personne n'acceptait de m'hypnotiser. Ces refus successifs ne faisaient que renforcer mon désir, évidemment. D'autant qu'il me semblait que mon équilibre en dépendait. Voici pourquoi :

J'avais eu à plusieurs reprises ce qu'on appelle des flashes (ces sortes d'images ou de scènes fugitives qui nous viennent à l'esprit trop brièvement pour qu'on arrive à les déchiffrer, mais qui nous bouleversent), et il me semblait que mon inconscient n'accepterait de me les révéler que dans un état modifié de conscience. La clef de mon insomnie se trouvait peut-être dans ces souvenirs effacés, qui sait ? J'ai donc, à de nombreuses reprises, consulté des psychiatres pratiquant l'hypnose dans le but précis et avoué de les faire ressurgir. Chaque fois, je me suis heurtée à une fin de non-recevoir – après deux ou trois séances d'« entretiens préliminaires », ils finissaient toujours par me dire que mon cas relevait de l'analyse.

N'ayant ni l'envie ni les moyens de me lancer dans ce genre d'entreprise au long cours, je m'en allais, furieuse et dépitée. Je me disais qu'on n'a pas le droit de se présenter comme utilisant l'hypnose pour refuser de la pratiquer. De guerre lasse, j'avais fini par renoncer, mais à contrecœur.

Jusqu'à ce que, au cours de mon enquête, un de mes informateurs m'apprenne que l'hypnose est parfois utilisée pour traiter la dépression. Et de me conseiller un certain Victor Simon, installé à Lille : « *Vous verrez, c'est un gastro-entérologue plus ou moins reconverti. C'est un bon.* »

Le moins qu'on puisse dire de l'hypnose, c'est qu'elle ne laisse pas indifférent. On la craint ou on l'adore, mais son mystère fascine toujours. Comment se peut-il que de simples hypnotiseurs de foire réussissent, à coups de « Dormez, je le veux ! », à plonger des spectateurs choisis au hasard dans une transe si profonde qu'ils leur font faire tout ce qu'ils veulent ? Chez les psy français, en revanche, l'hypnose n'est pas en odeur de sainteté. Freud ne l'a-t-il pas condamnée sans appel, non sans l'avoir pratiquée, sous prétexte que ses résultats ne durent pas ? Jusqu'à récemment, les praticiens se comptaient sur les doigts d'une main ; les plus connus étant Léon Chertok, un original (donc, un marginal), et François Roustang, un disciple de Lacan qui s'était disputé avec le maître (donc, un renégat)...

La voix suave, l'œil noir et perçant, tiré à quatre épingles, très à l'aise, Victor Simon a tout du parfait hypnotiseur. Je voyais déjà un Majax s'abritant derrière la médecine pour abuser ses patients. Autant dire que j'étais sur mes gardes. Il m'a tout de suite mise à l'aise en désignant du doigt son encombrant appareillage de gastro-entérologie : « *La plupart des gens qui viennent me consulter ne souffrent d'aucune maladie organique. Contre une colique chronique, par exemple, bien souvent, les médicaments ne peuvent pas grand-chose. C'est en cherchant un moyen de soulager mes patients atteints de ces troubles psychosomatiques que j'ai découvert l'hypnose ericksonienne. Et, comme les résultats sont spectaculaires, ma table d'examen sera bientôt à vendre* » m'explique-t-il avec un sourire malicieux.

— L'hypnose eriksonienne ?

— Cette forme d'hypnose n'a rien à voir avec l'hypnose de spectacle, qui n'est que de la suggestion, m'explique-t-il. Comme environ 30 % de la population est suggestible, si vous l'êtes, un hypnotiseur peut très bien, par exemple, vous faire dormir, même si vous êtes insomniaque, mais ça ne durera pas.

Et de me proposer tout de go :

— Voulez-vous savoir si vous l'êtes ?

— Pourquoi pas, répondis-je hypocritement, sûre de ne pas l'être.

C'est ainsi que je me suis retrouvée debout devant lui, les bras ballants.

— Levez les yeux jusqu'à mon front puis fermez-les doucement en respirant tranquillement, plusieurs fois de suite. À un moment, vous allez vous sentir partir en arrière, mais n'ayez pas peur, je vous retiens !

Cinq secondes après, il me récupérait dans ses bras...

La transe hypnotique est un état modifié de conscience qui, à l'encontre d'un préjugé répandu, constitue un état de veille et non de sommeil (l'électroencéphalogramme le confirme). Le Dr Gérard Salem explique dans son ouvrage paru aux éditions Ling, *Soigner par hypnose*, que cet état de veille est particulier, la conscience étant bizarrement « rétrécie » (par focalisation de l'attention, donc concentration extrême) et en même temps « élargie » (par une sorte de disponibilité à soi et à l'environnement). Les signes extérieurs en sont des sensations de flottement et de légèreté, la musculature est relaxée comme dans le sommeil, la respiration et le pouls habituellement ralentis, la tension artérielle diminuée. Les réflexes ostéotendineux sont présents (ce qui n'est pas le cas pendant le sommeil), les mouvements volontaires sont inhibés, le réflexe de déglutition espacé ou suspendu. En outre, comme les muscles du visage sont relâchés et irrigués, des rougeurs peuvent apparaître. La transe peut être légère, moyenne ou profonde, sans que cela influe pour autant sur l'efficacité de la thérapie.

Une des caractéristiques de l'état hypnotique est la *dissociation*, c'est-à-dire la simultanéité d'une activité mentale consciente et d'une activité mentale inconsciente.

Une autre caractéristique est *l'attention sélective*, qui marque la capacité de focaliser son attention sur une partie d'une expérience tout en occultant les autres, comme lorsqu'on lit un journal en écoutant la radio et qu'un air de musique vient soudain capter notre attention. Ces deux propriétés préparent le terrain à une réactivité accrue aux suggestions du thérapeute ; ce qui ne veut pas dire que le patient va perdre tout contrôle et être contraint d'obéir à l'hypnotiseur. Au contraire, comme il « se voit » en transe, il peut intervenir à tout moment. Il n'y a rien de magique là-dedans. D'ailleurs Milton Erickson, le psychiatre américain à qui l'on doit le renouveau de l'hypnose dans les années cinquante, affirmait que 100 % des sujets normaux sont hypnotisables. Le thérapeute eriksonien accompagne le patient vers ses ressources intérieures, il l'aide à trouver en lui des solutions à ses problèmes, en aucun cas il ne les lui dicte. C'est pourquoi il est important que le courant passe. On ne peut soigner de cette manière quelqu'un qui ne le souhaite pas. Pour illustrer cette idée, Erickson racontait une anecdote personnelle : lorsqu'il était enfant, un jour, il vit entrer dans la ferme familiale un cheval non marqué dont personne ne connaissait le propriétaire. Son père était bien embêté car il ne savait à qui restituer l'animal et craignait d'être accusé de vol. L'enfant offrit de résoudre le problème et enfourcha le cheval. Une heure plus tard, il était de retour, annonçant que l'animal avait été remis à son propriétaire. Comment ? Très simple : il s'était contenté de maintenir le cheval sur la route et celui-ci avait trouvé le chemin tout seul.

Selon Victor Simon, nos problèmes viennent souvent de notre éducation entièrement fondée sur le cerveau gauche, le cerveau conscient, celui de la raison, des sciences et des techniques. Elle ignore le droit, celui des émotions, de la sensibilité, des arts, du rêve, celui où nous stockons notre apprentissage, celui qui intervient dans la transe hypnotique. La dépression, l'insomnie, la douleur et les troubles psychosomatiques en général sont des alliés qui nous avertissent de l'existence d'un problème à un niveau inconscient. Si on abolit les symptômes avec des antidépresseurs, des somnifères ou des antalgiques, on n'en trouve jamais la cause et ils réapparaissent. En état d'hypnose, le thérapeute aborde le sens du symptôme. Si quelqu'un ne dort pas par exemple, c'est que quelque chose le tient éveillé. Il faut trouver quoi. Puis il en discute, tente de recadrer ce « quelque chose », au moyen d'une technique qui s'appelle le langage hypnotique.

« Je préfère l'hypnose à la thérapie comportementale car elle est moins douloureuse et plus définitive. Si je traite un phobique des ascenseurs par la thérapie comportementale, je vais le mettre devant un ascenseur, le faire se relaxer, etc. C'est dur pour lui. Après hypnose, il prendra l'ascenseur sans même s'en rendre compte, inconsciemment. »

J'étais impressionnée – le côté rapide et un peu miraculeux des guérisons évoquées méritait vérification. J'étais sceptique aussi, mais, comme on dit, si on ne joue pas au loto, on est sûr de ne jamais gagner. Il affirmait pouvoir guérir l'insomnie ? Je l'ai pris au mot.

Il faut dire que, au moment où j'ai commencé à écrire ce livre, je venais d'essayer de me sevrer des somnifères que je prenais depuis sept ans. J'avais besoin de récupérer ma mémoire, et les benzodiazépines qui entrent dans leur composition ont cette particularité de l'altérer, surtout la mémoire immédiate. J'en étais arrivée à être vraiment gênée dans ma vie professionnelle. En outre, les benzodiazépines présentent un effet anxiolytique puissant qui crée une dépendance supplémentaire.

Je n'aurais jamais dû me lancer dans cette aventure toute seule. Je pensais que cela se passerait aussi bien qu'avec les antidépresseurs. J'ai procédé de la même manière, en diminuant progressivement les doses. Mais dès que j'ai cessé totalement d'en prendre, les conséquences ont été effroyables, un peu comme un sevrage de drogues dures : des douleurs dans tout le corps, une insomnie totale au début, des hallucinations même, et des crises d'angoisse qui m'ont fait craindre de replonger dans la dépression : le sixième jour, j'étais assise sur mon lit et j'ai vu le mur blanc de ma chambre redevenir gris. Paniquée, je me suis traînée chez un généraliste. Après m'avoir rassurée sur mon état (tout en critiquant mon inconscience), il m'a prescrit d'autres somnifères destinés à prendre le relais de ceux dont je voulais me sevrer. Mais ils ne me faisaient dormir que quelques heures. J'en ai changé plusieurs fois, sans résultat. Petit à petit, les douleurs se sont atténuées – j'étais techniquement sevrée, mais je ne dormais toujours pas. J'ai donc essayé toutes les techniques que je connaissais : l'acupuncture, l'homéopathie, les plantes, le yoga... Je suis même allée au Centre du sommeil de l'Hôtel-Dieu, où l'on m'a prescrit une série de séances de relaxation – rien n'y a fait. J'ai tenu trois mois à ce régime, en attrapant toutes les infections qui passaient cet hiver-là, dans un état de détresse et d'angoisse permanent. J'ai fini par capituler et, la mort dans l'âme, par reprendre mes benzodiazépines.

J'ai raconté mes multiples tentatives à Victor Simon, sans lui épargner aucun détail. C'est pourquoi, lorsqu'il a accepté sans plus de manières de tenter le coup, je suis restée admirative (trente ans d'insomnie totale ou partielle plus sept ans d'addiction aux somnifères, ce n'est pas rien) et reconnaissante de ne pas m'imposer des années d'analyse, comme ses confrères l'avaient fait avant lui. Rendez-vous fut pris.

Le jour J, je suis de retour à Lille. Un peu nerveuse tout de même – et si ça marchait ? Il me reçoit dans son cabinet, très détendu. Je m'assois sur la même chaise que le jour de l'interview, à la droite de son bureau. La même ambiance feutrée, le même tic-tac de l'horloge que j'avais noté sans m'en rendre compte. Il s'installe sur une chaise à ma droite, me demande de laisser mes yeux se fermer dès que je serai prête : « *Respirez doucement, laissez-vous bercer par votre respiration, pouvez-vous sentir sous la paume de vos mains la température de votre corps, la sensation de tiédeur ou de chaleur de votre cuisse sous le tissu de votre pantalon ?* » Je ne sens rien du tout. « *Laissez s'installer un niveau de confort qui vous soit agréable... peut-*

être pouvez-vous imaginer un endroit qui vous plaît, où tout est calme, tranquille, où vous pouvez vous sentir en sécurité…» D'abord, je ne suis pas calme et puis je n'arrive pas à fixer mon attention sur cette plage où je me réfugie toujours quand on me demande de me relaxer. Je me dis que je suis en train de perdre mon temps, que si je n'arrive même pas à me relaxer, je ne risque vraiment pas de m'endormir. Mais au fait, personne ne m'a dit que je devais dormir. J'aurais dû me renseigner avant de venir. Je m'énerve toute seule, contre moi, puis contre lui qui doit être un charlatan de plus… et puis je songe aux cinq cents francs que cela va me coûter et je me dis qu'il faut les rentabiliser. Concentrons-nous.

« Vous vient-il une image, une sensation ? » Je me force à penser à quelque chose. La mer. De l'eau. Associons, associons. Un souvenir d'enfance me vient à l'esprit (ou est-ce qu'on me l'a raconté ?): la grande baignoire Jacob et Delafon dans la salle de bains de mes grands-parents, au pavillon où nous vivions tous ensemble, remplie d'eau. Mon père qui me déshabille pour me donner mon bain parce que ma mère est à l'hôpital. Je suis toute petite, je dois avoir autour de deux ou trois ans car je porte ces chaussures orthopédiques que l'on mettait aux très jeunes enfants. Je suis toute nue. Il m'attrape pour me plonger dans l'eau mais il a oublié les chaussures. J'essaie de l'avertir… trop tard. L'eau rentre dedans.

— Quelle impression cela vous fait-il ?

— Ce n'est pas très agréable, évidemment…

— Comment vous tient-il ? (Il me prend par les épaules.)

— Non, pas comme ça, sous les bras. (Il me prend sous les bras.)

— Quel effet cela vous fait-il ?

— Aucun.

J'ai de plus en plus le sentiment de perdre mon temps, ce qui a pour effet d'accroître ma nervosité tout en diminuant mon efficacité. Lui, toujours très calme :

— C'est très bien, pouvez-vous continuer ? Vous vient-il quelque chose d'autre ?

Je trouve son obstination aussi admirable qu'inutile. Il faut que je me concentre. Bon, je pense encore à de l'eau. Quand j'étais petite, j'avais peur de plonger la tête la première. Mon père, trouvant cela intolérable, me poussait dans le dos au bord de la piscine et se moquait de moi devant tout le monde lorsque je buvais la tasse. Je devais avoir six ou sept ans quand, au retour des vacances, il a décidé de me rééduquer à sa manière: le soir, en rentrant de son travail, il remplissait une bassine d'eau, m'obligeait à me pencher en avant et m'enfonçait la tête sous l'eau, montre en main, jusqu'à ce que j'étouffe. Plusieurs fois de suite, chaque fois un peu plus longtemps.

(Je n'ai jamais oublié ça, je ne sais pas pourquoi je le lui raconte maintenant.)

Soudain, je me lève d'un bond en hurlant:

— Ne me touchez pas! je vous l'interdis! (La gifle n'est pas passée loin.)

— Je ne vous ai pas touchée, me répond-il en souriant gentiment, j'ai simplement approché ma main de votre nuque.

J'éclate en sanglots.

— C'est là que mon père appuyait!

Il exerce alors une pression sur le muscle situé en dessous des clavicules, sur la poitrine, à droite et à gauche (c'est bizarrement douloureux), puis sous le plexus (une zone de traitement ostéopathique, m'explique-t-il). Cela me calme instantanément. Puis, imperturbable:

— Continuez, c'est bien!

— Depuis que ma fille est née, je la regarde dormir avec envie parce qu'elle dort la bouche ouverte et moi, je ne peux pas. C'est très embêtant, vous savez; un simple rhume m'empêche de dormir, mon nez se bouche, j'étouffe et ça me réveille – je n'arrive pas à ouvrir la bouche spontanément!

— Évidemment, si vous ouvrez la bouche, l'eau va rentrer!

CQFD. Pour le coup, je reste bouche bée. Un silence puis il continue:

— Entrez en contact avec la petite Catherine et essayez de la consoler, dites-lui qu'elle a été bien courageuse et très forte pour résister à tout cela.

J'essaie de toutes mes forces, mais quelque chose m'en empêche. Je vois les larmes qui tombent sur mon pantalon, pourtant je n'ai pas l'impression de pleurer. Soudain, je me lève et lance, exaspérée :

— Je n'y arrive pas, si je la console, je perds ma force. C'est fini, on arrête.

— Comme vous voudrez, me répond-il doucement, mais vous savez, je ne vous demande pas de vous apitoyer sur elle… Un jour, vous y arriverez, vous saurez la rassurer et la consoler.

En enfilant ma veste, je pense à haute voix :

— Je ne comprends pas pourquoi je me mets dans un état pareil, ce n'est pas si grave après tout !

— Oh, non, rétorque-t-il l'œil malicieux, c'est seulement ce que faisait Pinochet à ses opposants politiques !

J'éclate de rire – ça soulage – mais j'ai la tête toute chamboulée.

— Pourquoi la nuque ? lui demandé-je par acquis de conscience.

— Une intuition. Vous savez, moi aussi j'étais sous hypnose.

Le train du vendredi soir qui me ramène à Paris est bondé. J'essaie de lire, mais j'ai la tête ailleurs. Je ne sais plus quoi penser. Au fond, ce n'était peut-être pas vraiment de l'hypnose puisque j'étais consciente et que nous discutions ; c'est comme si mon corps m'avait trahie en faisant un tel cinéma pour un souvenir que je n'avais même pas oublié. Et puis, qui me dit que ça va me faire de l'effet ? Et quel effet, d'ailleurs ?

Le matin, j'avais interviewé une des patientes du Dr Simon qui m'avait raconté comment, alors qu'elle venait le voir pour maigrir (elle qui n'était pas grosse), il lui avait appris à changer sa vie. « *Il m'a donné naissance pour la deuxième fois* », avait-elle conclu. J'essayais de me souvenir des détails de notre conversation, mais c'était comme écrasé par ce que je venais de vivre.

Ce soir-là, je ne suis pas allée à la soirée qui m'attendait. J'étais lessivée. Je me suis allongée devant la télé et, à dix heures, je me suis endormie. Une seconde après, mon inconscient m'a réveillée pour que je prenne mon somnifère !

Je voulais en avoir le cœur net, alors, le lendemain, j'ai pris un quart de somnifère, autant dire une dose homéopathique, et j'ai dormi ! Je n'y croyais pas. Comme pour me persuader que c'était vrai, le jour suivant, j'ai téléphoné à tous mes amis pour leur annoncer la nouvelle. Très vite, je me suis sentie mieux, bien réveillée le matin, l'esprit plus clair. J'étais tellement contente qu'au bout d'une semaine j'ai coupé mon quart de comprimé en deux. Je l'attrapais avec une pince à épiler ! Le bonheur.

Évidemment, j'ai commencé à ressentir les effets du sevrage. Comme la fois précédente mais moins fortement : quelques douleurs, des nausées, des vertiges. J'ai rappelé Victor Simon, qui m'a expliqué qu'il me faudrait plusieurs mois pour me sevrer complètement. J'ai donc repris mon quart de comprimé, provisoirement.

Deux mois m'ont été nécessaires pour dormir sans somnifères, quatre pour apprivoiser mon sommeil. J'ai dû réapprendre à dormir – c'est toute une technique : ne pas se coucher si l'on n'a pas sommeil, ne pas se disputer avant d'aller se coucher…

Je n'aurai probablement jamais un sommeil de bûcheron – les soucis, le bruit, la lumière, le moindre frôlement le troublent toujours. Mais aujourd'hui, je peux dire que je ne suis plus insomniaque et, pour moi, c'est comme si je réintégrais le monde des humains.

CONCLUSION

Il y a deux ans, j'ai rencontré l'homme qui partage aujourd'hui ma vie. À l'époque, le sommeil était si problématique pour moi que, dès le départ, je l'avais averti que je ne pourrais jamais dormir avec lui – malgré les somnifères, le moindre bruit, le moindre mouvement m'aurait réveillée. Un peu gênée, je lui avais expliqué que je souffrais des séquelles d'une maladie grave dont j'avais été victime quelques années auparavant et qui m'avait laissé une certaine fragilité. C'était un peu une manière de le tester.

Quand il s'est avéré que notre relation prenait un tour sérieux, je lui ai raconté ce que j'avais vécu, sans lui épargner les détails... Il a été à la fois sidéré et terrifié ; jamais il n'aurait imaginé que la dépression, c'était ça.

Après m'avoir fait remarquer la quasi-absence de témoignages écrits sur le sujet, alors que les ouvrages de spécialistes abondent, il s'est mis en tête de me convaincre d'écrire mon histoire. J'ai refusé tout d'abord. Je n'avais aucune envie de revivre, même mentalement, ce que j'avais enduré. Puis, au fil des discussions, je me suis laissée convaincre, surtout quand l'idée a surgi de réaliser une enquête sur la manière dont on soigne la dépression aujourd'hui en France. L'idée de « l'usager » interviewant les spécialistes me séduisait particulièrement. Avec ma double casquette de journaliste et de « survivante » de la maladie, je saurais débusquer la langue de bois.

Sept ans avaient passé, je me disais qu'il y avait prescription – et tout est revenu comme si c'était hier. Dès que les souvenirs ont commencé à remonter, l'angoisse a resurgi, et les cauchemars... J'ai vite compris qu'on ne se remet de cette maladie qu'en l'oubliant, dans un premier temps, du moins. C'est probablement la raison pour laquelle il existe si peu de témoignages directs. L'enfer est incommunicable. Et si les ouvrages écrits par des spécialistes m'ont souvent paru désincarnés, cliniques et froids, c'est bien parce qu'ils ne l'avaient pas vécu. Évidemment, me direz-vous, mais s'il fallait que les cancérologues attrapent le cancer, les pneumologues, la pneumonie, etc., les hôpitaux seraient remplis de médecins malades et on n'avancerait pas beaucoup. Cependant, les maladies mentales ont ceci de particulier qu'elles autorisent ceux qui n'en sont pas atteints (médecins y compris) à traiter ceux qui le sont avec condescendance, suspicion, voire agressivité.

J'ai, durant certaines périodes, autant souffert de la maladie que du traitement qu'elle m'a valu. La plupart des psychiatres à qui j'ai eu affaire m'ont menti, méprisée, humiliée. J'ai été enfermée contre mon gré dans des hôpitaux où, au lieu de me soigner, on m'a maltraitée et surtout laissée souffrir. Aucune maladie « organique » n'autorise ce genre d'attitude.

En écrivant ce livre, j'ai compris cela et beaucoup d'autres choses que j'avais subies sans les verbaliser. Le déprimé, qui, plus que quiconque, a besoin de la compréhension, de l'attention, de la gentillesse des autres, doit non seulement supporter une des maladies les plus douloureuses qui soit, mais également la cacher s'il ne veut pas être puni ou mis au ban de la société.

Mais comment cette société pourrait-elle le comprendre, alors que, je m'en suis rendu compte au cours de cette enquête, ceux qui sont censés le soigner restent le plus souvent perplexes devant ce qui lui arrive ? S'ils tentent tant bien que mal de le soulager à coups de médicaments, d'électrochocs ou de psychothérapies en tout genre, ils ignorent, la plupart du temps, comment fonctionnent exactement ces méthodes, pourquoi elles ne fonctionnent pas toujours et surtout les mécanismes de la maladie elle-même.

Je me suis dit qu'il était en quelque sorte de mon ressort (peut-être même de mon devoir) de tenter d'expliquer le plus simplement possible ce qu'est la dépression à tous ceux qui un jour, de près ou de loin, seront touchés par cette maladie. Cela risque de constituer un large public puisque plus d'un dixième de la population générale en est atteint à un moment ou à un autre de sa vie, ce qui fait beaucoup de familles, de collègues et d'amis concernés. Ce n'est qu'en démystifiant, en expliquant, en conseillant, que la dépression deviendra une maladie comme les autres.

Les bienfaits de l'information ont déjà porté leurs fruits pour ce qui me concerne. Les premiers moments de panique passés, outre la reconquête de mon sommeil, ce livre m'aura apporté une forme de tranquillité. En voulant à tout prix « oublier » ce qui m'était arrivé (on n'oublie jamais vraiment), je gardais au fond de moi l'angoisse sournoise de la rechute. Aujourd'hui, je me sens armée pour me défendre.

Il est vrai que j'ai reconstruit ma vie et retrouvé une forme d'équilibre. Pourtant je ne parviens pas à considérer ma dépression comme un plus dans ma vie, ainsi que certains psychiatres me le suggèrent. Je serais ravie de pouvoir donner un sens à toute cette horreur et je ne nie pas qu'un épisode dépressif léger puisse être l'occasion de se poser certaines questions et de redonner leur vraie valeur aux choses. Mais il est des jeux qui n'en valent pas la chandelle – le prix à payer peut être disproportionné. Cette dépression m'a seulement appris comment lutter contre et aider ceux qui en sont atteints. Elle ne m'a rendue ni meilleure ni plus heureuse. J'y ai perdu une forme d'insouciance, maintenant que je sais que cette horreur existe. Il est des blessures si profondes que leurs cicatrices restent douloureuses pour toujours. Ceux qui sont revenus de l'enfer le portent en eux. Il suffit d'écouter parler les rescapés des camps de concentration pour s'en convaincre.

Mes valeurs ont changé, c'est certain. Je n'ai plus de temps à perdre, je vais directement à l'essentiel. Je n'ai plus la moindre patience avec les gens ou les activités superficiels, tout en étant plus tolérante envers l'Humain.

Ma vie a un autre prix, aussi. Plus élevé.

CONSEILS

Comment réagir si vous avez l'impression que vous, ou l'un de vos proches, commencez à déprimer ?

Tout d'abord, ne craignez pas d'être outrageusement interventionniste. La dépression est une maladie potentiellement mortelle, il n'y a donc pas de temps à perdre. Il faut apprendre à reconnaître les symptômes de manière à agir rapidement car il est toujours plus difficile de soigner une maladie installée. Mon expérience et l'enquête que j'ai effectuée m'ont appris à reconnaître mes symptômes. Mais toutes les dépressions ne sont pas semblables. Certaines personnes sont ralenties, d'autres agitées, certaines sont très angoissées, d'autres indifférentes à tout. La science ne nous apporte guère d'explications sur les raisons de ces différences ; je suppose que chacun exprime à sa manière sa douleur ou ses soucis. On peut évidemment se référer aux critères du DSM-IV que je cite dans le chapitre 3, mais ils ne constituent qu'un indice ; si on connaît bien une personne, on est mieux à même de la « sentir ». Tout changement de comportement incongru, négatif, profond et durable doit être interprété comme un signe.

Il est également impératif de s'informer. J'ai tellement regretté mon ignorance et celle de mon entourage lors de ma dépression. Ah, si j'avais su ! Il y a des gestes à faire quand on est déprimé, d'autres à éviter, des lieux de soins à fréquenter, d'autres pas, et, comme pour les autres maladies, certains médecins sont meilleurs que d'autres.

QUE FAIRE SI L'UN DE VOS PROCHES EST DÉPRIMÉ ?

• Le pousser à se soigner, voire prendre les choses en main, organiser le rendez-vous pour lui et pourquoi pas l'y accompagner. La nature même de la maladie (sentiment d'incapacité, peur d'affronter les autres, confusion des idées, etc.) lui rend cette opération difficile. N'ayez pas peur de vous faire rabrouer, il vous en sera le plus souvent reconnaissant.

• D'une manière générale, soulagez-le de toutes les tâches matérielles qui lui semblent insurmontables, telles que payer les factures, s'occuper de la paperasserie, etc., et évitez-lui les démarches qui impliquent un stress (discuter avec l'inspecteur des impôts, passer un examen, etc.).

• Dans la relation quotidienne, tâchez de compenser son autodévalorisation et son manque de confiance en l'encourageant dans ses initiatives, en banalisant ses trous de mémoire, ses oublis, ses erreurs, en compatissant et en lui exprimant le plus possible votre affection et votre soutien. Son premier réflexe sera de se replier sur lui-même, alors gardez le contact par tous les moyens. Et ne vous découragez pas – ni ne vous vexez – si vos petits mots gentils et vos compliments semblent tomber dans l'oreille d'un sourd. N'oubliez pas que ses réactions sont diminuées mais que sa sensibilité est exacerbée – il vous reçoit cinq sur cinq.

• Répétez-lui régulièrement que ce cauchemar a une fin, inéluctablement. On ne dira jamais assez qu'un épisode dépressif dure naturellement entre six mois et deux ans. Les déprimés, qui n'ont pas la notion du temps, sont pessimistes par définition. Compensez.

• Évitez surtout de le culpabiliser ou de le critiquer.

• Ne le laissez jamais seul s'il se sent angoissé (surtout pas au mois d'août à Paris, même s'il insiste).

• Suggérez-lui des activités qui le sortent de chez lui (s'il est encore capable de se déplacer). Le sport, la lumière, les changements de vie, les voyages peuvent être les déclencheurs d'un virage salutaire de la maladie.

• N'hésitez pas à aborder directement la question du suicide. Ne craignez surtout pas de lui donner des idées, il y pense probablement déjà et sera soulagé de pouvoir en discuter.

• Si vous constatez qu'il n'arrive pas à communiquer, conseillez-lui de se rapprocher d'une association d'usagers comme France Dépression. Il pourra peut-être plus facilement parler avec d'autres déprimés qu'avec vous. Il en existe dans de nombreuses villes de France. La liste est disponible à la Fnap Psy (Fédération Nationale des Associations des Patients et ex-Patients Psy), 6, rue Saulnier, 75009 Paris, tél. : 01 42 46 51 19.

Si vous êtes seul et déprimé, il existe des associations qui se sont précisément donné pour mission de lutter contre les effets nocifs de l'isolement et d'en prévenir les conséquences (suicide, marginalisation sociale, troubles psychologiques, etc.).

Centres Recherches et Rencontres de Paris, 61, rue de la Verrerie, 75004 Paris, tél. : 01 42 78 79 10, qui existe depuis plus de quarante ans, en fait partie. Cette association relevant de la loi de 1901, reconnue d'utilité publique et financée à ce titre par la Cramif, propose des consultations médicales gratuites, des entretiens avec des psychologues et des assistantes sociales, des activités de création et de rencontre (art, théâtre, sculpture, groupes de parole...). Il existe huit centres thérapeutiques spécialisés Recherches et Rencontres en France, dont la fréquentation moyenne annuelle est de cinq cents personnes. L'association dispose depuis peu d'un site Internet (cmp-RetR@cri.com) sur lequel vous pouvez poser vos questions ou consulter leurs informations.

La Porte ouverte se situe sur la même longueur d'onde que le réseau Befriending International, bien qu'elle n'y appartienne pas. Elle travaille en collaboration avec SOS Amitié. Cette association à but non lucratif accueille, dans ses six locaux de province et deux locaux parisiens (Fédération : 21, rue Duperré,

75009 Paris, tél. : 01 48 78 02 35. Information répondeur : 01 43 29 34 61. Numéro Indigo : 0 803 33 33 11), en face à face, *« toute personne victime d'un passage à vide »*, comme l'explique son responsable, Daniel Sutton. Environ 30 % d'entre elles souffrent de dépression. Leur soixantaine de bénévoles, dont la moyenne d'âge est de cinquante-cinq ans, sont strictement formés par trois psychanalystes et un psychosociologue.

Il existe une ligne téléphonique spécialement réservée aux jeunes. **Fil Santé Jeunes** adhère à la charte de Befriending International. Les intervenants ne sont pas des bénévoles mais une quarantaine de médecins, psychologues, conseillers juridiques et assistantes sociales qui répondent, de huit heures à minuit, aux deux cent mille appels annuels de jeunes de dix à vingt-cinq ans. Entièrement subventionnés par le gouvernement, ils bénéficient d'un numéro de téléphone vert : 0 800 235 236. La plupart des appels concernent des problèmes de santé, contraception, sida, etc. Environ 20 % d'entre eux ont à voir avec le mal-être, la dépression ou l'addiction.

Le Fil retrouvé Solidarité Psy, est une association de malades. Située dans un appartement un peu délabré du 6, rue Saulnier, 75009 Paris, tél. : 01 40 22 97 29, cette association – à but non lucratif également – vous propose un réseau de solidarité, un lieu de rencontres et de parole et des activités (yoga, randonnées, cours de langue, théâtre, etc.). Ses membres peuvent aussi bien vous rendre visite à l'hôpital que vous épauler dans vos démarches administratives ou vous aider à arrêter de fumer. Des réunions ont lieu au siège un samedi sur deux. Toutes les pathologies y sont mélangées : déprimés légers s'abstenir.

Vous avez été hospitalisé contre votre volonté, on vous a placé sous tutelle ou sous curatelle, vous ne savez pas comment vous en sortir ? Le **GIA, Groupe Information Asiles** (association relevant de la loi de 1901), 18, rue Victor-Massé, 75009 Paris, tél. : 01 45 26 37 36, s'est donné comme objectif depuis 1975 de défendre juridiquement les victimes de l'appareil psychiatrique. Il est composé d'une centaine d'adhérents et d'une vingtaine d'avocats (dont fait partie Philippe Bernardet, interviewé dans le chapitre sur l'hospitalisation) qui vous accompagneront dans vos démarches et vous défendront au tribunal s'il y a lieu. C'est actuellement la seule organisation de ce type en France. Elle compte un grand nombre de succès à son actif.

Une autre association de défense des usagers de la santé mentale s'est créée il y a un an et demi : **Advocacy-France**, 8, rue Thureau-Dangin, 75015 Paris, tél. : 01 45 32 22 35. Les bénévoles qui la composent, usagers, professionnels de la santé ou membres de la société civile, se posent en tiers pour amplifier la demande du patient, sans parler à sa place, pour défendre ses droits et l'aider dans les actes de la vie quotidienne. À la différence des associations Advocacy des pays du nord de l'Europe, des États-Unis et du Canada, qui défendent juridiquement leurs adhérents, Advocacy-France intervient seulement comme médiateur. Un parti pris qui n'a pas encore prouvé son efficacité. À suivre.

• **Urgences Psychiatrie** (01 43 87 79 79)
• **Suicide Écoute** (01 45 39 40 00)
• **Association France Dépression** (01 40 61 05 66)
14-20, rue Mathurin-Régnier, 75015 Paris

ANNEXE

Lors de l'enquête que j'ai menée sur l'hospitalisation psychiatrique, j'ai été réellement sidérée par les abus qu'il m'a été donné de rencontrer. Je ne peux évidemment pas les raconter tous dans ce livre – ce serait le sujet d'un autre ouvrage. J'ai tenu cependant à en évoquer deux.

J'assistais à un séminaire européen de l'association Advocacy-France (défense des droits des malades mentaux), quand, profitant d'une permission de sortie de la maison de santé psychiatrique où elle séjournait contre son gré, Mme Guyen a fait irruption dans la salle pour témoigner de ce qui lui arrivait.

Cette grande femme de cinquante-six ans, au visage plein, aux cheveux gris coiffés en natte, à la voix nette, revient de loin. Elle vivait chez sa sœur – ancien médecin, devenue psychotique « à la suite de graves problèmes personnels » – dans un immeuble où résidaient plusieurs policiers. Mécontents de devoir cohabiter avec une personne « différente », ces derniers ont déposé une plainte au commissariat, accusant les deux femmes de perturber l'ordre de la résidence.

« *Un matin à 8 h, alors que nous dormions ma sœur et moi, des policiers ont fait irruption chez nous en défonçant la porte. Le commissaire, un grand type aviné qui n'avait même pas sa carte, m'a soufflé la fumée de sa pipe dans la figure avant de donner l'ordre à six jeunes policiers en tenue de se jeter sur moi. J'ai cinquante-six ans, ce n'était pas très difficile de me maîtriser. Ils m'ont menot-*

tée et j'ai perdu connaissance. Je me suis réveillée dans le fourgon de police qui nous emmenait, avec ma sœur, à l'hôpital Saint-Antoine, où le premier certificat nécessaire à l'hospitalisation d'office leur a été fourni. J'étais couverte d'ecchymoses car ils m'avaient traînée dans les escaliers. De là, nous sommes allés à Sainte-Anne pour obtenir le second certificat. J'y ai passé un an avant d'être envoyée dans cette maison de santé psychiatrique où je me trouve actuellement.»

Arrivée à Sainte-Anne, Mme Guyen sera immédiatement mise sous neuroleptiques, au prétexte que ses protestations véhémentes relevaient du délire. Elle en absorbera de cinq marques différentes, malgré les malaises qu'ils lui provoquaient. L'un des effets secondaires, rare mais possible, de ces médicaments est une forme de la maladie de Parkinson heureusement réversible à l'arrêt du traitement. C'est ce qui va lui arriver. *«Pendant six mois, tous mes muscles et mes nerfs étaient atteints, je ne pouvais plus ni marcher, ni me laver, ni couper ma viande, c'était terrifiant.»*

En mai, quand elle commencera à aller mieux, elle aura droit au service ouvert – le médecin qui soigne sa maladie de Parkinson lui ayant recommandé le grand air et l'exercice physique. À force de balnéothérapie et de promenades dans le jardin de l'hôpital, ses muscles fonctionnent à nouveau. Mais en juillet, avant de partir en vacances, le directeur du CHU, le Pr O., exaspéré par ses revendications et son refus de prendre ses médicaments, la replace en service fermé, contre l'avis de son médecin traitant. *«J'ai passé un été d'enfer, sans sortir, sans téléphone et sans visites.»* Grâce à l'aide du personnel soignant (dont certains membres sont adhérents à Advocacy), elle parviendra à se faire muter dans cette maison de repos d'Épinay, échappant ainsi à l'obsession du directeur pour les neuroleptiques.

Sa maladie de Parkinson est pratiquement guérie aujourd'hui et elle voudrait rentrer chez elle. Propriétaire de plusieurs appartements à Paris et en province, elle pourrait fort bien vivre de ses rentes, mais lors de son hospitalisation, un médecin a demandé à ce qu'elle soit mise sous curatelle, si bien qu'elle ne dispose ni de son argent ni de ses clefs.

Juriste de formation, Mme Guyen ne peut imaginer faire les choses en dehors du cadre de la loi, mais comment peut-elle se défendre contre des institutions qui ne la respectent pas ?

J'ai été très impressionnée par la personnalité de cette femme. Seule contre tous, puisqu'elle n'a d'autre famille que sa sœur malade, elle aurait eu toutes les raisons de se laisser abattre par tant d'injustices et d'épreuves. Pourtant elle était là devant nous, combative, pas même déprimée, claire dans sa tête et prête à continuer sa lutte.

Mais j'ai été très choquée par la réaction de la salle après son intervention. Tous les gens présents ce jour-là avaient quelque chose à voir avec la maladie mentale, soit en tant que malades, soit en tant que soignants. Pourtant, personne ne l'a encouragée ou félicitée à l'issue de sa « déposition ». Après avoir remercié l'assistance de son attention, elle a quitté la pièce dans un silence de mort. Moi qui n'étais que touriste, pourrait-on dire, je leur ai demandé si j'ignorais quelque chose sur son état de santé, car, en la circonstance, son cas me semblait relever du pénal. Bien que personne ne sût rien de plus sur elle, presque toutes les réactions ont pourtant été suspicieuses à son égard. « *Peut-être est-elle plus malade qu'elle ne veut bien le dire ?* », « *La curatelle est parfois très utile !* » J'étais atterrée. Seul un Anglais a déclaré que nous étions là pour soutenir les internés, pas pour les juger.

On mesure là le tort profond et indélébile que l'internement psychiatrique, justifié ou non, peut causer à celui qui en est la victime. La réaction du public, même averti, est toujours la même : « Il n'y a pas de fumée sans feu. » Tout ce que dira ou fera Mme Guyen sera retenu contre elle. Si elle dénonce la machination des policiers, on l'accusera de paranoïa ; si elle se révolte contre son internement abusif, on l'accusera d'être agressive et agitée. Quoi qu'elle fasse, elle a perdu d'avance.

Mme Guyen n'est qu'une pauvre femme solitaire et vieillissante, pensez-vous ? Cela ne vous arriverait pas à vous ? Vous avez tort. Ça peut arriver à tout le monde. Laurent Wetzel était maire de Sartrouville et conseiller général des Yvelines quand il a été arrêté, le 18 juin 1995 (veille du second tour de l'élection municipale pour laquelle il était candidat à sa réélection), par le commissaire de police de sa ville, devant son pavillon, alors qu'il rentrait chez lui, un soir vers minuit. Transporté en ambulance à Sainte-Anne, il y restera une douzaine de jours en toute illégalité – aucune des formalités requises, tant pour son arrestation que pour son hospitalisation, n'ayant été remplies. (Il raconte son histoire dans *Un internement politique sous la Cinquième République*, Odilon Media, 1997.)

En effet, seule une hospitalisation d'office (HO), prescrite par un arrêté municipal ou préfectoral, peut permettre l'arrestation d'un malade par la police. Or, le commissaire Affres n'en possédait pas quand il a enjoint à Laurent Wetzel de le suivre, assisté par cinq agents de la **BAC** (brigade anticriminalité) ! Il faut prouver la dangerosité du patient pour justifier une telle mesure. Comptant sur le caractère réputé soupe au lait de M. Wetzel, un véritable traquenard avait été monté pour y parvenir *a posteriori* : le but étant de le mettre en colère par toutes sortes de provocations (l'empêcher de téléphoner à son avocat ou de prévenir sa femme par exemple) avant le départ de l'ambulance ou de l'inciter à s'enfuir pendant le trajet. Mais M. Wetzel, pas dupe, est resté calme ; ce qui n'a d'ailleurs pas empêché son internement.

À Sainte-Anne, si le règlement avait été respecté, le psychiatre de garde n'aurait pas dû examiner Wetzel puisqu'il ne disposait ni de documents de HO, ni de documents de HDT (hospitalisation à la demande d'un tiers), ni d'un certificat médical dans les formes requises, ni de la présence d'un tiers demandeur. Il procéda toutefois à l'examen, conclut que le patient ne souffrait de rien du tout mais décida tout de même de le garder jusqu'au lendemain pour qu'un autre médecin le voie.

Après l'avoir examiné cinq minutes, ce dernier lui signifia qu'il devait être soigné « par mesure de prévention » et signa un certificat d'hospitalisation sous contrainte ! Par la suite, tout sera tenté, en vain, pour justifier l'internement en s'appuyant sur le diagnostic de « psychose paranoïaque ».

Quelles que soient les bonnes raisons que ses adversaires politiques de droite (tout comme lui) avaient de l'éliminer du circuit – on l'accusait de racisme et de frayer avec le Front national à une époque où c'était encore réprouvé dans les partis de droite –, on reste perplexe devant les méthodes employées. Seuls l'impunité, le flou artistique et l'absence de contrôle qui caractérisent la pratique du milieu psychiatrique pouvaient permettre une telle atteinte aux droits d'un citoyen, élu du peuple pardessus le marché. Et on ne peut s'empêcher de se dire que, s'il est possible d'enfreindre la loi d'une telle manière à l'encontre d'une personnalité, qu'en sera-t-il de nous ?

BIBLIOGRAPHIE

Des Paradis plein la tête, Édouard Zarifian, éditions Odile Jacob, 1994, édition poche, 1998.

Le Prix du bien-être, Édouard Zarifian, éditions Odile Jacob, 1996.

Les Jardiniers de la folie, Édouard Zarifian, éditions Odile Jacob, 1988 (épuisé), éd. poche 1992 (épuisé), 1994.

Rien ne sert de souffrir, Colette Dowling, Grasset, 1993.

Asiles, Erwing Goffman, éditions de Minuit, 1968.

Vrais déprimés, fausses dépressions, Monique Brémond & Alain Gérard, éditions Aubier, 1998.

Je me tue à vous le dire, Anne Perrier-Durand, éditions Érès, 1998.

Les Logiques de la dépression, Daniel Widlöcher, éditions Fayard, 1983 (épuisé), 1995, éd. poche 1985 (épuisé).

Soigner par hypnose, Gérard Salem, éditions Ling, 1999.

La Cloche de détresse, Sylvia Plath, éditions Gallimard, 1972, 1977, éd. poche 1987.

Le Livre blanc de la dépression, Frédéric Raffaitin, éditions Privat, 1997.

La Fatigue d'être soi, Alain Erhenberg, éditions Odile Jacob.

Les Dossiers noirs de l'internement psychiatrique, Philippe Bernardet, 1989 (épuisé).

The Savage God, Al Alvarez, éditions Penguin, 1990.

Help me, I'm sad, David G. Fassler & Lynne S. Dumas, éditions Vicking, 1997.
Growing up Sad, Leon Cytryn & Donald McKnew, éditions Norton, 1996.
Undercurrents, Martha Manning, éditions Harper, 1996.
Malignant Sadness, Lewis Wolpert, éditions Faber & Faber, 1999.
Blaming the Brain, Elliot S. Valenstein, éditions the Free Press, 1999.
Mood Genes, Samuel H. Barondes, éditions W.H. Freeman and Company, 1998.

REMERCIEMENTS

Il m'aurait été impossible d'écrire ce livre sans le soutien de mon mari. C'est lui qui en a eu l'idée, il a su me convaincre, m'a supportée quand je déprimais, m'a accompagnée durant les nuits de grande insomnie de ma période de sevrage, m'a poussée quand je voulais laisser tomber et m'a conseillée quand je me perdais dans les dédales de mes plans trop compliqués. C'est encore lui qui m'a corrigée en premier. Je le remercie pour tout ça et pour l'amour dont il sait m'entourer et qui me permet de me sentir chaque jour un peu plus éloignée du Cauchemar.

Je remercie également tous les témoins qui ont accepté de se confier à moi et en particulier Marie, qui m'a accompagnée jusqu'au bout.

Sans les psychiatres et autres thérapeutes qui ont accepté de répondre à mes questions et m'ont orientée dans mes recherches, il n'y aurait évidemment pas de livre non plus. Je pense tout particulièrement à Jean-Claude Pénochet, qui réalise dans son hôpital de Montpellier le rêve de tout déprimé et qui sait si bien communiquer son enthousiasme pour son travail et son intérêt pour ses malades.

Je pense aussi à Édouard Zarifian, pour tout ce que j'ai expliqué dans mon livre ; à Gérard Tixier, pour son travail formidable et unique de psychiatre d'urgence mais également pour la bonne idée qu'il a eue de me présenter Marie ; à Sylvie Angel, qui m'a présenté « mon sauveur » en la personne de Victor Simon ; à Victor

Simon lui-même, pour m'avoir rendu mon sommeil évidemment, mais aussi pour la vision si ouverte qu'il a de la médecine et pour ce don qu'il a su mettre au service de ses patients ; et à Philippe Bernardet pour faire ce qu'il fait et être ce qu'il est, mais aussi aux Drs Raffaitin, Jouvent, Poirier, Lôo, Carvalho, Bélivier, Pelissolo, Attar-Lévy, Feingold, Roelandt, André, Massé, Debesse, Mann, Jenkins, Widlöcher, etc.

Je remercie tout particulièrement Marie-Claude Char pour ses encouragements et ses conseils précieux ; ainsi que Nicole Lattès pour sa faculté d'écoute exceptionnelle et la confiance immédiate qu'elle m'a témoignée.

Jean-Louis Martin a bien voulu relire mon texte d'un œil scientifique ; nos discussions amicales au cours de cette année qu'a duré l'élaboration de ce livre m'ont été à la fois utiles et réconfortantes.

Au pire de ma dépression, Marie-Christine m'a toujours soutenue – sans elle, je ne serais peut-être pas là aujourd'hui. Pendant l'écriture de ce livre, elle a été, ironiquement, une partie de ma mémoire, elle qui en a si peu. Elle est ma meilleure amie et je ne saurais dire combien cette idée m'est précieuse.

Quant à ma fille, Fanny, je lui suis infiniment reconnaissante d'avoir accepté de lire ce livre avant même qu'il ne soit corrigé ; malgré les mauvais souvenirs qu'il a dû faire remonter, elle m'a encouragée à le publier et m'a témoigné la confiance et l'affection dont j'avais besoin.

TABLE DES MATIÈRES

6384

Composition Chesteroc International Graphics
Achevé d'imprimer en Europe (France)
par Maury-Eurolivres à Manchecourt
le 18 septembre 2002.
Dépôt légal septembre 2002. ISBN 2-290-32038-2

Éditions J'ai lu
84, rue de Grenelle, 75007 Paris
Diffusion France et étranger : Flammarion